달콤한 고독

김경자 수필집

달콤한 고독

초판1쇄 발행 2023년 9월 5일

지은이 김경자
펴낸이 이길안
펴낸곳 세종출판사

주소 부산광역시 중구 흑교로 71번길 12 (보수동2가)
전화 051-463-5898, 253-2213~5
팩스 051-248-4880
전자우편 sjpl5898@daum.net
출판등록 제02-01-96

ISBN 979-11-5979-618-0 03810

정가 15,000원

부산광역시 BUSAN METROPOLITAN CITY 부산고지도 부산문화재단 BUSAN CULTURAL FOUNDATION
본 도서는 2023년 부산광역시, 부산문화재단(부산문화예술지원사업)으로 지원을 받았습니다.

이 책은 저작권법에 따라 보호받는 저작물이므로 무단전재와
무단복제를 금지하며, 이 책 내용의 전부 또는 일부 내용을 재사용하려면
사전에 저작권자와 세종출판사의 동의를 받아야 합니다.
* 잘못된 책은 교환해 드립니다.

달콤한 고독

오랫동안 머물러 있는 불면
불편해 하지 말고 즐겨야 하리
불면을 달콤한 고독이라 부르며
내 옆에 두기로 한다.

수필집 / 김경자 지음

세종출판사

저자의 말

글을 써야 하는 부채 의식이 있습니다.
즐거운 고통이라 할 수 있겠네요.
글쓰기는 우리의 삶처럼 만만하지 않지만
나를 깊이 들여다보고
사랑하는 일이기에 붓을 놓을 수 없습니다.
짧지 않은 시간을 살면서 휘청거릴 때
수필이라는 친구는 부담이 되었다가 기쁨이 되기도 합니다.
커서가 깜박이고 활자가 움직이면 단단했던 머리가 말랑해집니다.
사랑해야 할 이유이지요.
너무 멀지도 너무 가깝지도 않은 적당한 거리에서 사랑해야겠습니다.
그래야 오래도록 함께 걷는 친구가 되겠네요.
네 번째 수필집을 펴냅니다.
지나 온 삶의 자국들이 글로 태어날 때
인생은 향기를 머금고 다시 피어오르겠지요.

2023년 초가을
김경자

차례

저자의 말 • 5

1부
달콤한 고독

나만의 방	13
달콤한 고독	18
시소 놀이	23
종이책의 매력	29
오래된 편지	35
달콤한 맛	40
비우며 살기	45
오후 네 시의 상념	50
뒷모습	55
호야꽃이 피었네	60

2부
소녀 쑤안칸

새우튀김 나오셨습니다	69
돌아와요 부산항에	74
소녀 쑤안칸	80
방울 할아버지	85
도시 비둘기	90
소울	95
열사흘 달밤	101
잔치국수	106
찔레꽃이다	112
복숭아	117

3부
따로 또 함께

수산댁이 사는 법	125
초록지붕	130
따로 또 함께	136
운다는 것	141
햇살 냄새	146
백일百日	151
가족사진	156
그 여자의 거울	161
닮아간다	165
줄, 끊어지다	171

4부
산길을 걷는다

숲속의 시간	179
산길을 걷는다	184
외출	189
일상을 기다리며	194
밤길	199
분갈이	204
어린왕자를 만나다	210
노도櫓島 '문학의 섬'으로	215
경자년이다	222
한 해를 보내면서	227

1부
달콤한 고독

나만의 방

 나만의 방을 만들었다. 종일 햇볕이 사방을 비추는 넓은 공간이다. 오랫동안 꿈꾸어 오던 일, 거실을 서재로 변신시켰다. 네 식구가 모여서 텔레비전을 보고 담소를 나누던 장소다. 장성한 두 아들이 떠나고 휑한 자리에 내 색깔에 맞춘 방을 만든 셈이다.

 소파가 있던 자리에 몸집이 큰 책장이 들어섰고, 앉은뱅이 차탁 대신 높고 긴 다용도 탁자가 책상 구실을 하며 주인으로 왔다. 남편의 서재에서 이리저리 치여 가며 더부살이 하던 책들이 이곳에서 반듯하게 제자리를 잡았다. 거실로 나온 책들의 인물이 한결 밝아졌다. 책상 앞에 앉으니 푸른 하늘과 맞닿은 금정산의 연두색 곡선이 한 폭의 수채화다. 이 풍경 속에서, 지나간 내 공간들이 하나 둘 고개를 든다.

 어릴 때부터 혼자만의 방은 없었다. 다락방도 구석방도 없는 집에서 나만의 방을 동경했었다. 많은 형제자매가 같은 방을 쓸 때 이불로 가림막을 치며 나만의 장소를 만들기도 했다. 숨기고 싶은 비밀이 많은 것도 아닌데 혼자만의 은신처를 찾았다. 조금은 어두워도 좋았다. 이불을 덮어쓰고 금도끼 은도끼, 팥죽할멈과 호랑이, 방망이 귀신, 빗자루 귀신 등을 상상하며 내 세상에 빠졌으니까.

 친구네 집에는 다락방이 있었다. 부르지 않아도 그 집을 내 집처럼 자주 들락거렸다. 작은방 벽 쪽에 나무로 만든 계단을 몇 칸 오르면 아이 키만 한 높이의 낮은 방이 나타난다. 아늑한 동굴 같은 곳에는 온갖 신기한 물건이 가득했다. 그 중에서 꿀단지와 귀퉁이 너덜해진 만화책은 호기심 대상이었다. 친구와 꿀단지에 손가락을 넣어 최고의 '꿀맛'을 만끽하고, 비스듬히 들어오는 햇살에 기대어 만화책을 읽는다. 가슴 콩닥거리며 책장을 넘기면 풋내 나는 여린 잎이 토실토실 여물어 갔다. 가끔 꿀단지 옆에서 생쥐가 뛰어나오기도 했는데 관여치 않았다. 달달한 다락방의 스릴이 생쥐를 이겨냈기 때문이다. 그랬다. 다락방은 작은 가슴을 숨 쉬게 하고 내일을 열어준 문이기도 했다.

　성인이 되어 친구 집을 다시 찾았다. 큰 대문집도 다락방도 온데 간데 없었다. 어른들의 눈을 피해 오르내리던 다락방 계단, 구석진 곳에서 나를 기다리던 만화책은 어디로 갔는지. 허물어진 빈터에 길고양이 두 마리가 주인 인양 들어앉아 낯선 이를 경계할 따름이다. 부풀었던 마음자락이 바람 빠진 풍선처럼 휘청거렸다. 마음을 붙이고 찾아가던 비밀의 장소, 나의 아지트가 허물어졌다. 아지트가 그렇게 사라진 후 나만의 방을 찾으려는 여정이 그토록 꿈틀거렸는지도 모른다.

　가정을 꾸리고는 아이들 방을 우선으로 챙겼다. 부부의 방은 두 사람 공동 장소이기에 내 방은 아니다. 나를 풀어놓을 영역은 주방 옆 식탁자리가 유일했다. 그곳에서 책 읽고 글 쓰고 멍때려도 불편하지는 않다. 하지만 주방은 나의 자리가 아닌 엄마, 아내라는 껍질이 붙어 다니는 장소가 아닌가. 이방 저방 찾아다니며 자리를 잡아 봐도 어색할 뿐, 집중은 되지 않았다. 각자의 이름표가 붙은 가족의 방에서는 그들의 향기만 머물 뿐 나는 방문객에 불과했다.

돌아보면 나는 누구의 딸, 며느리, 엄마, 아내, 선생이라는 역할로만 살아온 것 같다. 충실한 역할 살이로 수십 년을 견뎌온 나에게 진정으로 보듬어줄 나만의 방이 필요한 이유다. 월간지, 계간지, 각종 문예지와 단행본들이 켜켜이 쌓이고 책 냄새가 짙어질수록 나만의 방을 갈망했다. 어릴 적에 원하던 은밀하고 구석진 곳이 아니어도 좋다. 누구에게도 방해 받지 않는 자유로운 곳이면 족하다. 밝은 빛이 스며들고 정갈한 책상 하나면 된다고 속노래를 불렀다. 그곳에서 무뎌진 마음을 다독이고 온전히 내 모습을 찾아가려는 바람이었다.

버지니아 울프는 『자기만의 방』에서 여자는 자기만의 방과 자신만의 재산이 있어야 한다고 강조했다. 현재로 시간을 돌리면 여자에게만 국한되는 말은 아닐 터다. 100여 년 전 울프가 전한 이 말은 여성의 경제적인 여건이 열악했던 시대에 얼마나 호사스럽고 획기적인 발상인가. 글을 쓰는 사람은 어떤 것에서도 자유로워야 한다는 말일 테다.

지금 나는 마음의 놀이터로 자리잡은 나만의 방에서 사치를 누리고 있다. 푸른 잎, 분홍 꽃들이 풍성한 호흡으로 기를 불어주고, 원목의 나무결이 오래도록 나를 붙잡는다. 넉넉하게 자리잡은 책이 헐렁해진 상념의 틀을 조이고 허기진 가슴을 채우기도 한다. 오래 묵은 생각과 날것이 어울려 달달한 꿈을 꾸는 나만의 방이다. 이곳은 천장 낮은 다락방이 되었다가 팥죽할멈이 나타나는 구석방이 되기도 할 것이다. (2023. 3. 10)

달콤한 고독

　자정이 지난 깊은 밤이다. 세상은 고요하고 적막한데 억지 눈을 감을수록 머릿속은 말똥말똥해진다. 초저녁에 깜박 졸고 나면 한밤중에 일어나 홀로 방황을 한다.

　불 꺼진 거실에서 내려다보니 도로는 밤새도록 빨간불 초록불이 교대로 깜박인다. 켜졌다 꺼졌다 명멸明滅을 거듭하는 큰길의 신호등이 내 몸과 마음을 닮은 듯하다. 이 밤에 홀로 떨며 살아 있는 신호등, 신호에 맞추어 출발하고 정지하는 차들의 빨간 후미등이 검은 밤을 밝힌다.

깊은 잠에 들지 못한 날의 연속이다. 걱정이 쌓인 것도 아니고, 낮에 잠을 자두는 것도 아니다. 누우면 바로 잠들던 순간이 언제였는지 기억이 감감하다. 학창시절에 이렇게 잠이 오지 않았다면 얼마나 좋았겠는가. 시험 기간에 잠을 쫓는 약을 구하느라 애쓰지 않아도 되었을 테니까. 지금은 수면 유도제를 찾으며 잠이여 오라고 애원하는 형편이다. 생의 터널을 지나면 영원한 잠에 빠질 터인데. 밤과 낮, 수면 사이에서 자유롭지 못하다.

밤을 새는 날에는 기와집 열 채는 지어야 잠이 들었다는 어머니가 떠오른다. 어머니도 내 나이 정도 되었을 때지 싶다. 이른 저녁에 잠시 눈을 부치고 나면 밤을 새다 시피 하셨다. 잠을 불러도 도통 오지 않으니 손뜨개를 친구 삼기도 했다. 없는 살림에 일곱 남매를 먹이고 입혀 키우는 일이 만만하지 않았을 터다. 폼나는 기와집에서 걱정 없이 사는 것이 소원이었으리라. 눈을 감고 초가집은 부수고 기와집을 짓고 또 지었을게다. 어머니의 꿈처럼 나도 날아가는 기와집에 살고 싶다는 생각을 자주 했었다.

초등학교 5학년 미술 시간이었다. 상상화를 그리라는 선생님 말씀을 듣고 네모난 기왓장에 진한 회색으로 차곡차곡 색을 입혔다. 지붕 끝을 위로 살짝 올려 날렵하게 그리니 하늘로 날아갈 듯

달콤한 고독

한 멋진 기와집이 그려졌다. 이런 집에서 살면 어머니도 좋아할 거라는 생각에 신이 났다. 한 채도 아닌 기와집 다섯 채를 도화지 **빼빼**하게 그려 넣었다. 선생님은 분단 별로 검사를 하셨다. 여느 때처럼 자신 있게 도화지를 책상 위에 펼쳤다. 내 책상 앞에 멈춘 선생님이 도화지를 뒤집더니 빨간 색연필로 '가'라고 힘주어 갈기는 게 아닌가. '수·우·미·양·가'로 평가를 하던 때라 제일 나쁜 성적을 받은 셈이다. 온 정성을 기울인 기와집에 빨간색 '가'를 받다니. 엎드려 펑펑 울었다. 어린아이는 왜 '가'를 받아야 하는지 알 수 없었다.

 선생님 그림자도 밟지 말라던 시대에, 상상 속의 기와집을 그린 아이는 혼란했다. 학생은 머릿속에 떠오르는 생각을 그렸는데 선생님은 상상이 아닌 현실의 집을 그렸다고 단호했을지 모를 일이다. 이후로 내 그림은 교실 환경 판에서 찾아볼 수가 없었다. 초가집 안방 벽에 걸렸던 그림도 모두 뜯어버렸다. 그림에 흥미를 잃었고 자신감이 땅에 떨어진 기와집 사건이다. 오십여 년이 되었지만 꿈에라도 선생님을 만나면 그때의 이야기를 풀어보고 싶다.

 잠을 청할 때면 어릴 적 기와집 사건이 머리 한 쪽을 차지한다.

유년의 기억은 어느 곳에서 멈추거나 끝나지 않는다. 지나갔다고 착각하는 틈을 비집고 들어와 현재를 헤집어 놓는다. 지나간 일들과 오늘의 생각들이 엉키고 이어져 마치 뫼비우스의 띠처럼 끝이 어딘지를 찾기 어렵다. 중간에 끊을 수가 없고 끊어지지 않는다.

이럴 때에는 숫자를 세기도 하고 별을 헤아리기도 한다. 손가락으로 수를 세는 건 오래된 방법이라 그런지 인공지능 시대에 먹히질 않는다. 쉽고도 빠른 현대적 방법인 휴대폰 빅스비를 불러 수면 음악을 요청한다. 내 손안의 비서는 재빨리 주인의 말에 응답한다. 수면 음악이라고 하는데 빗소리가 흘러나오기도 하고 모닥불 타는 소리도 들리니 난감하다. 소리에 집중하다 보면 잠은 더 멀어진다. 요가 선생이 전해준 방법은 마지막 메뉴다. 온몸에 힘을 빼고 발끝부터 신체 부위에 집중해서 하나하나 이완을 시켜본다. 몸이 아래로 가라앉는다고 상상하라 했던가. 긴장과 이완을 반복할수록 정신이 맑아지니 어쩌랴.

최후의 수단으로 잠이라는 놈과 맞장을 뜨는 거다. 헤르만 헤세는 『잠 못 이루는 밤』에서 '잠은 자연이 준 가장 값진 선물이며, 친구이자 보물이요, 마법사이자 나직이 위안을 주는 자이다.' 라고 극찬했다. 잠이 보약이라는 말이 아닌가. 이런 달콤한 잠에 홀리지 못하는 내가 딱하다.

깊은 잠에 빠져있는 노트북을 흔들어 깨운다. 친구를 만들어서 이 밤을 같이 지새울 참이다. 내 몸에 전원이 켜져 있는 동안 네 모난 몸체의 전원도 일으켜 토닥토닥 같이 놀아 보는 것이다. 전원 버튼에 파란불이 동그랗게 켜지고 시동이 걸린다. 자음과 모음을 불러내어 복잡한 마음을 털어 낸다. 까만 글씨로 차곡차곡 채워지는 나만의 세계다. 내 이야기를 들어주고 풀어주는데 억지 잠을 청할 이유가 없다. 깜박이는 커서, 움직이는 활자를 따라가며 나를 깊숙이 만난다. 더 성숙해지지 않겠는가. 흔들리는 시간을 씨줄 날줄로 엮어가며 보듬어야겠다. 글을 쓴다는 것, 어제를 돌아보고 현재에 몰입하는 기도의 시간이고 명상의 자리다.

쉰을 넘기고 시나브로 찾아온 불면증이다. 매달 찾아오는 붉은 손님을 떠나보내고 마음의 감기를 앓는 시기, 불청객으로 내 안에 오랫동안 머물러 있다. 불편해 말고 이제 즐겨야 하리. 불면을 달콤한 고독이라 부르며 내 옆에 두기로 한다. (2022.2.11.)

시소 놀이

    정오를 넘긴 놀이터다. 아파트 아이들은 보이지 않는다. 한껏 솟아오른 태양은 놀이기구에 내려앉아 얇은 햇살을 걸쳐 놓았다. 비둘기 한두 마리 모이를 찾아드는 공간에 두 노인이 시소에 올라앉았다. 낯선 풍경이다. 올려주고 내려앉는 여유로운 모습에 눈길이 멈춘다.

    희끗한 머리카락과 세월의 그림자로 볼 때 여든을 넘긴 부부 같다. 마스크로 가려진 얼굴이지만 눈빛으로 호흡을 맞추며 조심조심 오르락내리락 한다. 삐거덕거렸던 엇박자의 시간들을 풀어내는 것일까. 한쪽으로 기울다가 평형을 찾더니 또다시 다른 쪽으로 무게 중심이 이동한다. 내리막과 오르막, 적절한 타이밍의 쿵덕거림은 나른한 오후의 햇살에 탄력을 불어 넣는다. 그들의 옆에 또 하나의 시소는 비어있다. 한쪽은 반달 타이어 위에 몸을 내리고 다른 한쪽은 45도 각도로 허공에 솟구친 자세로 누군가를 기다린다.

시소는 혼자서 탈 수 없는 놀이기구, 짝이 있어야 즐길 수 있다. 내가 내려가야 상대방이 올라가고 내가 올라가면 상대방은 내려가고 만다. 언젠가는 서로를 마주보며 중심이 맞을 듯 기다리고 또 기다려 보지만 말처럼 쉽게 잡을 수 없다. 간단한 시소타기의 관계가 사람과 사람 사이, 오랫동안 함께한 부부에게는 영원한 듯 끝없이 흔들리고 중간에 한 사람만 내려도 시소는, 사랑은 그렇게 멈추고 말 것이다.

'남편은 하늘 아내는 땅'이라는 말은 부모님 대화에서 자주 회자 되곤 했다. 오르면 하늘이고 내리면 땅이 되는 시소의 원리가 두 분 사이에도 작동되었다. 어머니가 아래쪽에서 발을 굴려 올려주니 아버지는 높이 떠 하늘이 되었지 싶다. 어쩌다가 약주를 한 잔 하시면 "나는 하늘이다. 내자內子는 뭔고"를 묻고 또 물었다. 어쩔 수 없이 땅이 되기도 하고 상황 파악이 되면 스스로 땅이라고 엎드리기도 했던 어머니다. 땅값이 하늘을 찌르는 오늘을, 하늘로 가신 아버지는 아실까. 붉으락푸르락 팽팽하게 조여지는 싸움을 할 때도 있지만 언제나 어머니 쪽이 기울어지는 시소게임이었다. 가벼우면 올라가고 무거우면 내려앉기에 '붕' 하늘로 띄워놓고 묵직하게 내려앉아서 아버지의 거동을 살피는 어머니. 급격한 속도로 내려 '쿵' 엉덩방아를 찧게 만들 수도 있었을 텐데…. 하늘이 맑아야 세상이 밝아진다는 이치를 어머니는 일찍이 터득했던 모양이다.

시소 놀이를 하듯 우리 부부도 시간을 익혀왔다. 어머니처럼 기울어지는 게임은 하지 않겠노라고 다짐을 했다. 상대를 띄워주기보다는 수평을 맞추려고 신경을 곤두세웠다.

뉴스에 나타나는 정치인의 말과 행동에 남편은 자기만의 비판을 늘어놓곤 한다. 대꾸도 하지 않는 화면에 눈을 맞추고 이러쿵저러쿵 잘잘못을 지적하는 일이다. 돌아오는 화살이 없으니 얼마나 통쾌하랴. 그 앞에서 "또 시작이군요"하며 여지없이 김을 빼는 역할을 자처한다. 맞장구를 치며 발을 굴려주면 하늘로 오르는 즐거움이 있을 텐데 말이다. 높게 올려주면 거드름을 피우지나 않을까 염려하며 평등과 균형을 저울질했다. 수평을 유지하려고 애를 쓸수록 재미없는 시소 놀이가 된다는 것을 몰랐던 터. 시소 놀이는 한쪽이 힘의 변화를 주어야 더 재미가 있다는 걸 알기까지 오랜 시간이 걸렸다. 늘 자기 일에 빠져 가정 살림을 살뜰히 챙기지 못하는 나. 아내에게 쌓인 불만이 애꿎은 네모난 상자로 튀었지 싶다. 힘겨루기하는 아내에게 발을 굴러 기울기를 조절해 주었으리라. 상대가 위험하지 않을 정도로 굴러주며 본인이 스스로 내려앉은 셈이라 여긴다. 서로의 호흡을 제대로 읽지 못하고 혼자 쿵덕거리면 리듬이 깨어지는 건 뻔한 일이다. 쓴 눈물을 삼켰기에 맑고 환한 웃음을 맛볼 수 있고 풀무질과 담금질로 마주했기에 긴 여정 동행하는 것이리라.

혼자 앉아서 누군가를 기다리던 아들의 시소에도 짝이 생겼다. 4년여 동안 마주 앉아 리모컨으로 조정하듯 놀이를 즐긴다. 그냥 노는 게 아니라 서로 높이고 높여주는 놀이를 하고 있다. 상대를 올려주면 다음은 자신이 올라간다는 이치를 빨리 알아낸 것일까. 일상 속의 작은 새로움도 찾아내어 서로 칭찬을 주고받는다. 한 사람이 섣부른 결정을 내려도 맞은편에서는 신속한 판단이라고 거들며 높이 띄워주는 격이다. 다른 환경에서 자란 남녀가 만나 좌충우돌 중심축이 흔들릴 때도 있을 터인데. 눈에 콩깍지가 씌어 올려주기 게임에 빠져있는지 모를 일이다. 하늘로 올라가기 위해 직접 발을 구르기도 하지만 상대방이 올라갈 수 있도록 땅에서 기다려 주는 배려도 보인다. 한쪽이 부족하고 모자라면 맞은편에서 다독이고, 수평이 되면 발을 굴러 기울기를 조절하며 리듬을 만든다. 호흡이 잘 맞는지 곁눈질을 해보기도 하는데 괜한 기우인 것 같다. 어릴 때 부르던 동요 노랫말처럼 '올라가면 푸른 하늘 내려오면 꽃동산'을 마음껏 누리는 모양새다. 즐기기보다는 늘 기울기에 긴장하고 내려오면 올라가기를 갈망했던 우리와는 다른 모습이다. 꽃띠 부부의 시소 놀이를 보며 애써 균형을 맞추려던 지난 시간의 영상이 떠올라 얼굴이 붉어진다.

살다보면 하늘로 오를 만큼 기쁘고 행복한 일도 있고 땅이 꺼질 만큼 힘들고 아픈 일도 만난다. 시소의 즐거움이 오르고 내리는 데 있는 것처럼 어느 때는 내가 높이 올라가서 아래를 내려다보기도 하고, 어느 때는 밑으로 내려와서 위를 올려다보기도 한다. 사람 사이의 관계도 시소 타기와 마찬가지 일터다. 몸에 힘을 빼고 가벼워져야 오를 수 있고, 올라가기 위해 나를 내려놓는 연습도 필요하겠다.

노부부의 시소 놀이는 아직도 진행 중이다. 삐끗거리던 중심축의 높낮이 소리는 더욱 부드러워졌다. 마주 잡은 인생의 시소에 하얀 햇살이 수평으로 내린다. (2021. 5. 10)

종이책의 매력

　손으로 넘길 때 사각거리는 소리와 손끝에서 만져지는 촉감에 끌린다. 종이책의 매력이다. 이런 매력은 책을 만나는 즐거움으로 연결된다. 좋은 구절에는 밑줄을 긋고 공책에 옮겨 적으며 다시 읽을 수 있다. 지극히 찰나적인 손안에 작은 기계보다 더 좋아하는 이유다.

　책을 가까이 한 지는 오래되지 않았다. 벽에 걸린 '수불석권手不釋卷' 사자성어를 보면 미안한 마음이 들 정도였다. 고만고만한 아이 둘을 키우면서 일을 하는 엄마로 살다보니 아이들을 위한 권장 도서와 학습 서적에만 귀를 열었다. 엄마의 책 읽기는 언제나 후 순위로 밀려났던 게다.

나이 지천명에 이르러 일선에서 물러났다. 심신의 일탈은 나를 돌아보는 계기가 되었다. 아내로 엄마로 앞만 보고 걸었으니 남은 시간은 나를 위한 삶을 살리라 마음먹었다. 해야만 하는 일에서 벗어나, 하고 싶은 일을 하리라고 다짐했다.

이웃을 만들어 맛집을 찾았고 여행을 다녔다. 원했던 일인데 남의 옷을 입은 듯 불편한 심기가 일었다. 화무십일홍花無十日紅, 열흘 붉은 꽃이 없다는 말처럼 재미있는 꽃놀이도 하루 이틀이면 시들해지는 것일까. 카페를 전전하며 이웃과 수다를 떨수록 마음은 빈집처럼 허전해졌다. 한쪽에서 허한 가슴이 목마르다고 신호를 보내니 말이다. 무엇으로 허기를 채워야 할지. 늘어진 가지처럼 흔들리는 시간을 살았다.

남편이 출근한 후 등산복을 입고 산에 오르고, 땀을 흘리며 운동을 했다. 충만하리라 여겼던 에너지는 갈수록 바닥으로 떨어지는 게 아닌가. 손 놓았던 공부에 도전을 해도 허한 속은 시원한 해답을 얻지 못했다. 동굴이 있다면 검은 굴속에 나를 들이밀고 싶었다. 가족도 이웃도 먼 나라 사람으로 느껴지고 답답했다. 하고 싶은 일을 한다고 남들은 부러워하는데 허무함이 앞을 막는다.

마음을 추스르고 다시 일을 찾아야 했다. 나만을 위한 일이 아닌 타인을, 이웃을 생각하는 일을 해보자고 눈을 크게 떴다. 마음의 감기를 앓고 있는 나를 틀 안에 가두지 말아야겠다는 이유에서다. 지역신문에서 마을문고 봉사자를 구한다는 소식에 지원했다. 일을 하며 빈 속을 채워볼 요량이었다.

손때 묻은 책들이 고유의 향기를 품어내는 아담한 문고에 첫발을 디뎠다. 오래된 고전과 소설, 수필, 시집, 등 여러 장르의 문학 책과 실용 서적들이 듬직이 자리하고 있다. 책을 읽을 작은 공간도 눈길이 간다. 초보 봉사자의 떨림을 알아차린 듯 책들이 말을 걸어온다. 제자리를 찾지 못한 여러 종류의 책이 내 손길을 재촉하는 것이다. 한 권 또 한 권, 체온으로 감싸며 그들의 집을 찾아주는 일이 나를 다독이는 시간이 되기를, 흩어졌던 마음이 한곳으로 스미기를 바랐다.

어린 손주가 읽을 책을 부탁하는 할머니, 교복 입은 학생, 주부까지 다양한 연령층이 문고를 이용한다. 동네 주민이 이용하는 문고라서 가까운 이웃을 만나는 듯 편안했지만 한쪽 어깨가 무거워지는 걸 어찌하랴. 그들이 읽을 만한 책을 두루 알아야 권하기도 찾아주기도 할 터인데 말이다. 해답은 정해져 있다. 많이 읽어야 하리. '시간이 없어 만나지 못한다고 말하는 사람은 시간이 있어도 만나지 않는다. 시간이 없어 읽지 못한다고 말하는 사람은 시간이 있어도 책을 읽지 않는다.'라는 문장을 만나며 얼굴이 화끈 달아올랐다. 바쁘다는 변명을 밥 먹듯 해왔기 때문. 행간에 숨어있던 글이 찬물로 세수한 것처럼 나를 일깨워 주는 순간이었다. 사람도 책도 시간으로 만나는 것이 아니라 먼저 마음으로 만나라는 뜻이리라. 마음이 움직여서 문고를 찾았으니 숙제하듯이 책을 읽었다.

소설 속에는 나보다 더 힘들게 인생을 살아가는 주인공이 있고, 철학책은 왜 사는지, 어떻게 살 것인지 질문을 던진다. 수필집 속에서 만나는 다양한 삶은 나의 스승이고, 시집은 맑은 샘물이다. 책을 읽으며 보석 같은 문장을 아로새기고 숨겨진 진실을 찾는 기쁨은 또 하나의 행복이다. 밑줄을 그은 문구는 다시 일어나 오랫동안 품속에 따뜻이 머문다. 책을 읽는다는 것은 또 다른 일생을 살아보는 것이리라. 책 속에서 충분히 아파하고 즐거워했다.

책 향기에 묻혀서 살다보니 읽기가 습관이 되었다. 독서는 이제 숙제가 아니라 매일 만나는 좋은 친구요 스승이 된 셈이다. 책 속의 따뜻한 문장들이 길을 안내하고 마음을 만져주기 때문이다. 돌처럼 굳어있던 머리가 말랑말랑해지며 어깨에 짊어진 걱정이 가벼워지는 게 아닌가. 생각을 바꾸니 행동이 바뀌고 행동이 습관으로 이어졌다.

책을 읽기만 하고 그냥 덮으면 진정한 독서가 아니라는 걸 알았다. 책 읽기 전후가 다르지 않으면 그 사람은 책을 읽지 않은 것과 마찬가지라는 생각이 든다. 책을 읽고 한 줄의 내용이라도 꺼내어 생활에 적용하고 행동으로 옮기니 내 삶의 변화가 일었다. 가족, 친구, 이웃의 다름을 인정하고 역지사지하는 마음이 들어앉는 것이다. 문고를 찾는 이들에게 더 가까이 다가서 좋은 책을 권하고 주부 독서회도 만들었다. 텃밭에 씨를 뿌리고 가꾸듯 정성을 들인 문고는 무성한 숲으로 성장했다. 세끼 밥을 꼭꼭 씹어 먹듯 매일 책을 읽고 행간의 눈짓을 놓치지 않은 것도 한몫 했으리라.

마을문고에서의 시간은 나를 돌아보는 성찰의 시간이었다. 대나무가 마디를 만들며 성장하듯이 인생의 마디에서 흔들리며 익어가는 과정이었지 싶다. 어린왕자와 데미안을 다시 만나며 풋풋

했던 청년기의 시절을 돌려 보았고, 한중록을 읽으며 혜경궁 홍씨의 아픔과 역사의 현장에서 오늘을 배우기도 했다. 불가능한 꿈을 꾸고, 이길 수 없는 적과 싸우며, 지독한 고통을 참아내는 무모함의 돈키호테에게서 용기를 얻었다. 내가 읽은 책으로 남편과 소통하고 남편은 그 책을 다시 읽는다. 읽고 또 읽고 반복 읽으면 안개처럼 희미하던 길도 밝아질 때가 있다.

　사람 사이가 섬이 된 요즈음, 외로움의 틈새에 종이책이 손을 내밀며 위로를 건넨다. 약으로 병을 고치듯 독서로 마음을 다스린다는 카이사르의 명언은 이토록 명쾌하다. 허전했던 빈 속이 책꽂이에 꽂힌 책처럼 알곡으로 채워지는 시간, 산란했던 마음도 종이책 향기 속으로 스며들어 잔잔해진다. 지식을 얻고자 찾았던 책 읽기가 지혜로 익어가는 중이다. (2022. 4)

오래된 편지

 편지를 쓴다는 것은 오롯이 상대를 생각하는 시간이다. 어쩌면 기다림의 자세를 배우는 일인지도 모른다. 언제 올지 모를 답장을 기다리며 희망과 기대의 골목을 서성이기 때문이다. 삭막한 세상에 편지를 써서 보낼 곳이 있다는 건 다행한 일이다.

 가을은 편지와 궁합이 잘 맞는 계절이 아닐까. '가을엔 편지를 하겠어요. 누구라도 그대가 되어 받아주세요'라는 노랫말도 있듯이. 우체국 앞, 빨간 우체통 옆을 지날 때면 그녀의 안부가 궁금해진다. 어렵던 시절 마음이 복잡할 때 서로를 달래주던 그녀와 나는 단짝이었다. 동성이면서 이성 못지않게 서로를 사랑했고 다독인 사이다.

얼마 동안 마음을 열지 못했던 친구의 편지를 꺼내 든다. 오래된 작은 상자 안에 그녀의 온기가 스민 편지가 나를 붙잡는다. 손 글씨로 또박또박 써 내려간 행간마다 쉼표 없이 달린 우리들의 이야기가 빼곡하다. 컴퓨터로 글을 쓰는 첨단시대에 펜으로 쓴 편지에서 친구의 혼이 묻어나온다. 입으로 흘렸던 어떤 오해도 녹을 것 같은 사람의 냄새다. 묵은 마음의 매듭이 스르르 풀린다.

그녀는 여고를 졸업하고 임시직으로 일하던 관공서를 뛰쳐나와, 내가 자취를 하던 곳에서 몇 달을 기거했다. 일을 해서 가계에 보탬이 되어야 하는데 마음대로 그만 둔 게다. 그 이유로 모친에게 후려 맞고 옷가지를 챙겨 나에게로 왔다. 허벅지며 등에 검푸른 멍을 내보이며 엄마의 야박함과 본인의 억울함을 토해냈다. 부모의 허물을 친구 앞에서 흉볼 수 있을까. 가방을 싸서 무작정 친구 집을 찾을 수 있을까. 그녀를 위로하면서도 나에게 질문을 던졌다. 내가 행할 수 없는 용기였기에. 친구에 대한 믿음이 있었기 때문에 가능한 일이리라.

마음 추스르면 그녀는 돌아갈 줄 알았다. 그런데 자취방에 눌러앉는 게 아닌가. 공무원 학원에 등록도 했단다. 정식 공무원이 되어 고향으로 가겠다는 꿈을 꾸는 것 같았다. 아르바이트를 하면서 대학공부를 하던 나도 어려운 형편인데 식구가 더 늘었다. 한 달에 물값이며 전기료는 2인분을 내야하고, 수시로 푸세식 화장실 요금까지 덧붙여 나온다. 화장실 요금을 따로 내고, 집 주인에게는 말을 못한 채 다투다가 부둥켜안고 울기도 했다. 돌아보면 자취방 주인 행세를 하며 친구에게 갑질을 했는지도 모른다. 언제나 내 목소리가 컸다는 이야기를 훗날 그녀에게 들었으니 말이다. 불편을 주지 않으려고 애를 쓴 나, 어떤 환경이라도 참고 견뎌야 했던 그녀, 둘은 자취방에서 마음 수련을 한 셈이다.

  억척으로 공부하던 그녀가 공무원 시험에 합격했다. 원하던 고향 읍사무소에 발령을 받았다. 정식 공무원의 명찰을 모친에게 달아주며 큰절을 올렸다는 그녀 소식에 코끝이 찡했다. 엄마의 채찍을 약으로 삼고 일어선 친구가 대견하고 부럽기도 했다.

  친구가 자리를 잡고부터 고향을 자주 찾게 되었다. 근무지 옆 그녀의 자취방이 둘의 아지터였다. 기름 두른 배추전과 부추전은 우리들의 진수성찬이었다. 고향 어른들의 손님맞이 음식을 그녀는 척척 만들어 냈다. 구수한 냄새와 정성으로 우정은 익어가고 둘은 자취방 가장으로서 동급이 되었다.

이십대 초반에는 부모보다 친구가 먼저였다. 부모님 찾아뵌다는 말은 구실이고 언제나 그녀와 함께 하는 시간을 만들기에 분주했다. 그 시기 나는 생떽쥐베리의 『어린왕자』를 읽고 있었다. 한 번 읽고 이해하기 어려웠지만 어린왕자와 여우가 대화하는 장면에서 "네가 오후 네 시에 온다면 나는 세 시부터 행복해지기 시작할 거야"라는 문장을 좋아했다. 어린왕자가 우리 두 사람에게 건네는 말이라고 믿었기 때문이다. 기다리면 설렜고 만나면 즐거웠으니 말이다.

가을바람이 부는 날 그녀가 내 자취방을 찾았다. 바람에 풀이 눕는 방향을 보고 친구가 어디쯤 온다는 것을 알아차린 『삼국유사』에 나오는 관기와 도성처럼, 나도 그녀가 어느 골목으로 올 것인가를 점치며 마중을 나갔다. 좁은 골목길에 하늘이 유난히 푸른 날 그녀가 흥얼거린다. '허전한 가슴에 파란 낙엽이 스쳐갈 때, 울고 싶도록 그리운 당~신' 누구의 노래인지 모르지만 가사의 '그리운 당신'은 우리 둘이라 여긴다. 바람이 부는 날 흩어지는 낙엽을 보며 허전한 가슴을 달래줄 친구가 보고 싶었을 게다. 친구뿐 아니라 내 마음도 그랬다.

　시간은 사람을 그 자리에 안주시키지 않는 모양이다. 친구는 서울로 나는 부산으로 이사를 했다. 서울시 공무원으로 자리를 옮긴 그녀는 제자리에 머무르지 않고 대학을 거쳐 대학원을 졸업했다. 좋은 소식이 있으면 먼 길 마다않고 그녀에게로 달렸다. 공간의 거리가 마음의 거리와 비례하는 것일까. 만나는 횟수가 줄면서 대화 사이에 견제와 경쟁의 미묘한 틈이 비집고 들어왔다. 그럴 때마다 스무 살 시절에 나누었던 사연들을 끄집어 낼 수도 없는 일. 팍팍한 현재를 사느라 서로가 까칠해진 거라 여기며 여진을 덮어야 했다.

　이제는 그도 나도 현직에서 물러났다. 부러울 것도 자랑할 일도 없지 않은가. 옛날로 돌아갈 수는 없지만 그날을 불러올 수는 있다. 오래된 편지 속의 그녀 마음을 다시 내게로 들인다. "가장 중요한 것은 눈에 보이지 않아. 오직 마음으로 보아야 해"라고 어린왕자가 일러준 말이 뇌리를 스친다. 마음을 얻는 일은 먼저 자신의 마음을 볼 줄 알아야 하리. 이 가을 소슬바람에 부쳐 나의 안부를 전해야겠다. (2022. 10)

달큼한 맛

배추 한 포기를 받았다. 시골 밭에서 햇볕과 바람만 먹고 자란 순수 토종이란다. 허물없는 친구의 정이 배춧잎을 따라 나온다. 속이 꽉 찬 통배추가 아니라 온몸을 펼친 배추다. 초록과 연두, 노랑이 여유롭게 잎을 흔든다. 속내를 감추지 않은 몸매가 농사를 짓는 친구를 닮았다. 품에 안긴 배추와 연두빛 미소를 주고받는다.

손수 키운 농작물을 받으니 단단했던 마음의 무장이 해제된다. 그 안에는 어릴 적 농사짓던 아버지의 흙 묻은 손과 어머니의 땀이 보이기 때문이다. 대형마트 푸른 망에 쌓인 배추와는 사뭇 다르다. 값으로 매길 수 없는 향수가 스며있다.

 부드러운 겨울 배추를 한 잎씩 떼어낸다. 이파리 속에는 솔잎도 들어와 숨을 쉬고 마른 나뭇잎도 숨어있다. 밭 언저리에서 자유롭게 자란 몸이라고 말을 거는 것 같다. 겉절이, 시래기, 보쌈…. 어떤 음식으로든지 변신시켜야 하는데 동작이 멈춘 상태다. 자연을 품은 배추를 식탁에 올려두고 며칠 지내볼까 생각 중이다. 전화기가 울리며 배추를 품에 안겨준 고향 친구 이름이 뜬다.

 "잘있나, 지금 뭐하는데?" "배추 다듬고 있지" "그거 있제, 배추전 부쳐봐라 달큼한 게 맛이 기가 차더라" 전화를 끊으며 곧장 배춧잎을 뜯어내어 씻는다. 어린시절에 먹었던 물컹한 맛에 멀리했던 배추전이 아니던가. 그 배추전이 달큼하다는 것이다.

 동네 잔칫날 배추전을 부치던 어머니 생각이 빠르게 스친다. 무쇠 가마솥 뚜껑을 뒤집어놓고 돼지비개로 문지르면 온 마을이 구수한 기름 냄새로 풍성해진다. 먹을 것이 귀해서 기름 냄새만 맡아도 군침이 올라오던 때다. 어머니 치마꼬리를 잡고 배추전을 얻어먹었다. 뜨겁고 물컹한 것이 입천장에 붙어서 뱉어내고 말았다. '달콤하고 맛있는 음식을 아깝게 버린다'는 순이 엄마의 말에 어머니는 내 뒤통수를 쥐어박았다. 꿀밤을 맞아도 어른들의 입맛에는 동의할 수 없었다. 배추 줄기의 심처럼 세월을 살아온 오늘, 입속에 고였던 그날의 뒷맛을 찾는다. 음식은 추억으로 먹는다고 했던가. 배추에 물기를 빼면서 마음은 도돌이표 행진으로 바쁘다.

물기가 빠진 배추는 살아서 나풀거린다. 이파리가 초록꽃으로 피어 식탁 위에 올려두면 밥맛, 눈맛이 호강하겠다는 생각이 스친다. 갈등도 잠시, 채근하는 허기에 밀려 억센 줄기를 뒤집어 칼등으로 통통 두드린다. 칼등 세례를 받은 배추 줄기는 부드러워져 밀가루 반죽을 잘 받아들인다. 사람이나 식물이나 부드러워야 서로 잘 어울리는 법. 밀가루 반죽옷을 입은 배추를 프라이팬에 얹는다. 지이지직. 한 잎씩 올릴 때마다 반죽이 묻은 배추는 드러누워 온몸을 프라이팬에 맡긴다. 온전히 나를 버려야 새로운 맛으로 태어날 터이다. 각양각색의 얄궂은 몸치장은 사양한다. 오로지 흰옷으로 단장하고, 공중돌기로 두어 번 엎어지면 누런 무명 배추전으로 다시 태어난다.

온 집안이 배추전 향기로 그득하다. 촉촉하게 구워진 배추전을 쭈욱 찢어 젓가락에 말아서 입에 넣어본다. 수분을 머금은 배추가 내뿜는 촉촉함과 밀가루의 고소함이 어우러져 달착지근하고 아삭한 맛이다. 고급스러운 일품요리가 부럽지 않는 순간이다. 맛이 기가 차다는 친구 말에 엄지손가락 몇 개를 얹어주고 싶다. 물컹하게 씹혀서 입안을 어지럽게 한 어릴 적 맛은 온데 간데 없다. 달큼하고 밍밍한 이 맛이 입을 통해 마음에 착 달라붙는다. '볼품은 없어도 속이 편안하면 된다'라고 입버릇처럼 말하던 어머니를 닮아간다. 나이가 들어가고 인생의 풋 냄새가 숙성되어야 배추전의 진정한 맛을 알아갈 성싶다. 매운맛도 빠지고 쓴맛도 빠진 맛. 숨길 것도 감출 것도 없는 마음이 놓이는 넉넉한 사람의 맛이다. 수더분한 배추전의 매력이다.

배추전은 번듯하게 손님상에 낼 만큼 모양새나 맛이 뛰어나지는 않다. 귀한 재료를 쓰는 것도 아니고 손이 많이 가는 음식도 아니다. 배추와 밀가루만 있으면 된다. 재료값도 비싸지 않고 만들기도 쉽고, 배는 부르면서 살이 찌지 않는 덕이 많은 음식이다. 특별나게 몸에 좋은 보양식이 되거나 영양가도 높지 않다. 그렇지만 코로나가 덮친 공포의 계절이 아닌가. 흐린 겨울날에 뜨끈한 배추전을 부쳐 먹으면 가라앉은 기운이 솟아나지 않을까. 혀에 감기는 감칠맛과 기분 좋은 포만감에 우울한 마음도 밝아지리라.

아이들에게 배추전은 권하지 않는다. 내 어린시절의 미각과 아이들의 입맛이 다를 바 없다는 걸 알기 때문이다. 달고 짜고 자극적인 음식에 길 들여진 아이들이 밍밍하고 아무 맛 안 나는 배추전에 흥미를 느끼겠는가. 반듯하게 자르지 않고 손으로 쭉쭉 찢어먹는 모습도 이해 못 할 터. 그들도 어른이 되었을 때 부모들의 모습을 그림처럼 떠올리며 옛 맛을 찾을지 모를 일이다. 비를 맞고 바람을 맞으며 세월을 살아봐야 그 달콤한 맛의 의미를 느끼지 않을까. '니들이 게 맛을 알아'라는 텔레비전 광고의 말처럼.

성석제 소설가는 『칼과 황홀』 산문집에서 '프로페셔날 배추전'이라고 배추전의 격을 높였다. 전문적인 수식어를 붙여 배추전의 값을 올린 셈이다. 경북지방에서 '배차적'이라고도 불리는 배추전 요리의 전문성은 손맛과 정성으로 만들어진다고 했다. 소박한 음식, 마음에 남는 맛의 첫 번째는 정성이리라.

나이가 드는 만큼 음식의 세계에서도 스스로를 낮추고 겸손해지는 걸까. 화려한 음식의 분위기는 입맛에서 밀려나고 배추전처럼 단순한 맛이 윗자리를 차지한다. 맛을 느끼는 혀의 미각도 허세를 버리고 순수한 고향의 맛으로 돌아가려나 보다. (2020.2.15.)

비우며 살기

'오직 방송에서만 이 가격'이란다. 뻔히 알면서도 화면에 빨려든다. 물량이 얼마 남지 않았고 시간이 촉박하다면 마음도 바빠진다. 쇼호스트의 달달한 입말에 텔레비전 앞에서 물건을 얼마나 사들이는가. 몇 년째 존재조차 모르는 물건들이 여기저기 쌓여있다.

코로나 바이러스로 인해 집안에 머무는 시간이 많다. 사람이 많이 모이는 곳을 자제하다보니 홈쇼핑이나 인터넷 쇼핑을 자주 찾는다. 뭔가 마음에 드는 물건, 필요한 물건을 산다는 것은 기분 좋은 일이다. 이렇게 사들인 물건들이 하나 둘 모여 여유로운 공간을 어지럽힌다. 정리된 집에서 쾌적하게 살아가는 것이 꿈이라고 말하면서 행동으로 실천하기가 어렵다. 심박한 정리, 미니멀 라이프가 유행하고 있는 요즈음인데. 허해진 마음을 채우려고 사들인 물건들도 구석구석 앉아있다. 부질없는 소유 욕구의 흔적이다. 사람이든 물건이든 정리를 하는 데는 결단이 필요하리라.

　작심하고 집안 정리를 시작한다. 복잡한 옷장부터 손을 댄다. 속부터 깨끗이 비워보려는 마음에서다. 옷걸이에 걸려 몇 년째 자리만 차지하는 옷들을 바닥에 펼쳐본다. 다양한 색상의 옷가지가 그들만의 사연을 안고 주인을 바라본다. 아들 결혼식을 앞두고 장만한 정장 세트, 행사 진행할 때 준비한 투피스, 동창회 때 입었던 꽃무늬 원피스 등 모두 인연이 묻은 옷이다. 이 옷들을 장만하려고 발품을 팔았다. 실물을 보고, 온라인으로 가격을 비교하고, 가성비까지 따져가며 심혈을 기울이지 않았던가. 나의 껍데기 구실을 해온 인연을 매정하게 버리기가 쉽지 않다. '언젠가 한 번은 입혀지지 않을까' 하며 몇 번을 옷장에 넣었다가 뺐다가 변덕을 부린다. 이런 미련 때문에 옷장은 날이 갈수록 체중으로 몸살이 날 정도인데 말이다.

모으고 가지는 것에 익숙해져서, 버리고 비우는 일에 주저해 왔다. 애착이 변질되어 욕심으로 내려앉은 형상이다. 마음을 다 잡고 다시 옷을 훑어본다. 추억이 담겨있는 빛바랜 옷들을 원형 대로 펼쳐서 하나씩 휴대폰 카메라에 담는다. 사진으로 찍어서 휴대폰에 남기고 마음속에 저장하기로 한다. 옷장에서 휴대폰으로 그리고 마음으로 공간을 이동시킨 것이다. 이 옷들이 생각나고 그때의 추억이 그리워지면 사진을 꺼내보면 될 성싶다. 입지 않는 옷을 들어내니 남아 있는 옷들이 제대로 숨을 쉬는 듯 편안해 보인다. 옷가지 사이에 끼여서 보이지 않던 디자인도 제 모습을 드러낸다. 비우니 자리가 생기고 새로운 것도 보인다.

 베란다 선반에 오래된 갈색 고무통도 이참에 들어낸다. 마당이 넓은 시골집에서나 필요한 물건이다. 커다랗고 둥근 고무통은 김장배추를 절이거나 많은 양의 김치를 담글 때 쓰인다. 결혼하던 해에 이웃이 사니까 나도 필요할 거라 여기며 크기별로 사들인 물건이다. 내가 좋아하는 것에 관심을 두기보다 남들의 눈에 나를 맞추었던 것 같다. '언젠가는 꼭 필요할거다'라는 주인집 할머니의 말을 따랐다. 어른 말은 나를 살리는 길이라 여겼다. 지금도 동의하는 말이지만 빠르게 변하는 시대의 흐름에 나를 가두지는 않았는지 돌아본다.

아파트에 살면서도 신접살림 때의 풋풋한 기억을 지우지 못한다. 버리자니 아깝고 집에 두니 짐이 되는 물건이다. '구닥다리 살림살이 산뜻한 새것으로 바꿔보라지만 이야기가 담겨있어 버릴 수가 없다. 어찌 옛날을 쉽게 버리랴'라고 한 김행숙 시인의 시 구절이 마음 한쪽을 잡는다. 하늘로 떠나신 시아버님이 "이게 모두 돈이다. 너는 돈 많구나"하시며 불쑥 던지던 그날도 떠오른다. 아쉽지만 삶이 끝날 때까지 함께 하지 못할 거라면 정리하는 게 답일 터이다.

거실과 창고에서 세월을 삭인 집기들, 주방에서 할 일 없는 그릇들도 정리 대상들이다. 손때가 묻고 정이 들었지만 과감하게 휴대폰 속으로 이사를 시킨다.

필요 없는 물건 정리가 마음을 비우는 계기가 되었다. 묵은 짐들이 자리를 뜨니 환한 벽지가 드러난다. 벽지 아래 몇 사람이 다리 뻗어도 될 만한 공간도 생겼다. 어떤 그림이나 액자로 여백을 채우지 않으련다. 벽지에는 숨을 쉴 수 있는 쉼터를 허용하고 빈 공터에 소소한 마음도 풀어 놓아야겠다.

쉼의 공간에서 헨리데이비드 소로우의 『월든』을 떠올린다. 도시의 아파트에 감금되어 자신이 누리는 각종 도구의 도구가 되어 가고 있는 우리들에게, 단순하고 소박한 삶은 저 멀리 있는 것이 아니라고 했다. 소로우는 '미니멀 라이프'의 실증적 체험자가 아닌가. 소박하고 원시적인 삼림생활을 통해 인습에 구애받지 않은 삶의 가능함을 보여주었다. 각종 가구들에 싸여 친밀한 공간이기보다 자산 가치를 따지는 집에 갇혀 우리는 살아간다. 좀 더 소박하게 좀 더 간소한 살림으로 소유의 욕심을 내려야 할 때다.

  미니멀라이프는 단순한 삶을 추구하며 작은 것에 만족하는 생활이다. 결국 욕심을 버리라는 말이다. 말로는 쉽지만 욕심은 쉽게 버려지지 않는다. 손때가 묻어서, 정이 들어서라는 이유로 끝까지 놓지 못하는 미련을 훌훌 날려 보내는 연습도 필요하리라. 단출한 생활로 산뜻하고 쾌청한 삶을 살고 싶다. (2021. 04)

오후 네 시의 상념

오후 네 시는 애매한 시간이다. 해가 짧은 시월의 네 시는 더욱 그렇다. 오늘의 절반이 싹둑 잘려 나간 시간이 아닌가. 초록 은행잎이 노랑으로 물들어가는 과정과 닮았다.

오후 네 시에 사람들은 무엇을 할까. 학생들은 학교 공부를 마치고 잠시의 휴식을 취할 테고, 직장인들은 퇴근에 대한 기대로 부푸는 시간이지 싶다. 주부들은 저녁밥을 준비하기에는 이른 시간이다. 일을 시작하기도 마무리하기도 어중간한 자투리 시간, 이런 시간을 아껴서 나만의 여유를 찾는다.

약해진 오후 네 시의 햇살을 받으며 화명생태공원을 산책한다. 어제도 걸었고, 오늘도 걷는다. 같은 시간이라도 낙동강의 물빛은 어제와 오늘이 다르다. 독일의 철학자 칸트는 '걸어 다니는 시계'라는 별명을 얻을 만큼 같은 시간에 산책을 했지 않은가. 이웃 사람들이 그의 산책 시간을 보고 시계를 맞출 정도로 규칙적인 걷기 생활을 했다. 칸트의 일화만 보드라도 단조로운 걷기가 깊은 사유에 얼마나 도움이 되는가를 알 수 있다. 걸으면서 몸도 살피고 마음도 챙기니 덤으로 받는 별책부록 같은 선물이다. 그를 닮으려고 애쓰는 것도 아닌데 오후 네 시가 되면 장미공원이나 생태공원으로 나가라고 몸이 먼저 반응을 한다. 바람 소리, 햇살 냄새가 나를 불러낸다는 말이 맞겠다.

 집에서 몇 발짝만 걸으면 회색 벽으로 둘러싸인 도시를 벗어난다. 금정산 줄기에서 내려오는 대천천을 지나면 화명생태공원과 만나고, 낙동강을 따라 자전거 길과 산책로가 펼쳐진다. 사람들은 공원 둘레를 따라 걷기도 하고 자전거를 타고 멀리까지 달리기도 한다. 눈을 돌리면 높이 솟은 아파트가 보이고, 다른 쪽에는 강물이 흐르는 숲이다.

 길 건너 아파트에서 내려다보이는 풍광과 강의 조망에 따라 동네 집값이 차이가 난다고 한다. 강과 숲은 자신들의 조망 값을 요구한 적이 없는데, 사람들은 자기 멋대로 가격을 올려다 붙인다. 베란다에 서서 볼 수 있는 강이 마치 본인들의 소유인 것처럼. 화명대교를 물들이는 노을이나 불빛이 보이면 더욱 비싼 가격이란다. 매일 산책하면서 강과 숲을 보는 나는 어쩌면 돈을 벌고 있는 셈이다. 비싼 강을 데리고 다니며 숲의 공기를 공짜로 즐기고 있으니 횡재한 게 아닌가. 나무와 풀, 하늘의 구름을 친구삼아 자박자박 걷다보면 엉켜진 실타래가 하나씩 풀어진다. 풀리는 실의 길이만큼 내 안의 설익은 풋내도 강물 속으로 녹아든다. 강물에 깔아 놓은 침묵이 상념의 깊이로 자라길 바라면서 오후 네 시의 걷기는 이어진다.

오후 네 시의 시간을 무어라 부르면 좋을까. 신체적으로는 운동하는 시간이고 정신적으로는 생각하는 시간이다. 영적으로는 성찰의 시간이다. 군더더기를 비우고 생각을 채우는 시간이라고 명명하고 싶다. 얼마 전 텔레비전에서 '심박한 정리'라는 집 정리 프로그램이 인기였다. 집만 정리할 게 아니라 나 자신도 정리할 필요가 있다. 흐트러진 생각을 정리하고 심란한 마음도 정화하는 요긴한 오후의 시간이 되어야 하리.

팔을 흔들고 걷는 반복적인 움직임은 뇌를 깨우는 효과가 있다. 단순 반복적인 행동이 연결되어, 시간이 지나면 여러 생각이 잔가지처럼 불어난다. 팔다리의 반복적인 움직임이 뇌로 가는 혈류의 순환을 가져와 새로운 아이디어도 떠오르게 된다. 오후 산책의 핵심은 단조로움과 반복이다. 이 반복운동에 흥미를 느끼며 오늘도 오후 네 시의 행복에 젖는다.

은빛 갈대가 흔들리는 강변에 노부부가 고개 숙여 기도하는 모습에 끌렸다. 가까이서 보니 나무 의자에 나란히 앉아 손바닥 안에 작은 기계에 열중이다. 옆에 서서 지켜봐도 휴대폰 게임에 푹 빠져 주변에는 전혀 관심이 없다. 밀레의 저녁종소리 그림을 보는 듯 경건한 모습에 걸음을 빨리 옮겼는데 놀랐다. 나이가 들어 어떤 동작에 몰입하면 그것 또한 기도가 아니겠는가. 기도하듯, 공부하듯 오락을 하는 두 노인의 오후가 보기 좋다.

돌아보면 사람을 사랑하기도 모자라는 시간이라며 바쁘게 살았다. 집에서 애완견을 키운다는 건 상상 밖의 일이었다. 그런데, 공원 잔디에 뒹구는 강아지가 귀엽게 눈에 들어온다. 귀찮게 보이던 동물이 사랑스럽게 보이는 내 인생 시계는 몇 시를 가리키고 있을까. 하루 스물 네 시간을 나누어서 인생시계를 만든 김난도 교수에 따르면 나는 오후 네 시를 지나고 있다. 100세 시대에 오전의 프로그램은 끝이 났다. 오후 프로그램 중에서도 중간을 넘기고 붉은 노을을 준비하는 시각은 아닐지. 가을철 익은 곡식이 결실을 위해 세포 하나하나를 열고 해와 땅의 기운을 가열차게 빨아들이는 시간일 거라 여긴다.

사람은 오전 인생의 프로그램으로 오후 인생을 살 수 없고, 아침에 위대하던 것이 저녁에는 시시한 것이 된다고 한 '칼 융'의 말을 떠 올린다. 숨 가쁜 오전 시간을 마쳤으니 후반부에는 고요와 침묵으로 그 너머의 깊은 음성에 귀를 기울여야 할 터인데. 새로운 프로그램으로 풀었던 허리를 다시 동여매야 되는 건지 모르겠다.

인생이라는 시간은 남들보다 조금 긴 새벽을 보내는 사람도, 이른 아침을 빨리 맞이하는 사람도 있을 테다. 어두운 새벽이 있어야 태양이 떠오르고, 일출이 찾아온 뒤에야 아름다운 노을을 볼 수 있듯이 말이다. 오후 네 시의 산책도, 설렘 가득한 여행도, 인생도 마찬가지일 터다. 아름다운 순간을 즐길 수 있는 시간이 유한함을 알기에 오늘 주어진 시간이 이렇게 소중하다. (2022. 11)

뒷모습

거울을 보며 옷매무새를 다듬는다. 얼굴표정도 환하게 펴본다. 대부분의 사람들은 자신의 앞모습에 신경을 쓴다. 누군가를 만나고 이야기를 나눌 때는 앞모습을 보기 때문이다. 늘 신경쓰며 다듬는 앞모습에 비해 뒷모습은 무방비 상태라 하겠다. 뒷모습에는 꾸미지 않는 솔직함이 묻어있는데 말이다.

프랑스 작가 미셸 투르니에의 에세이집 <뒷모습>에는 '등은 거짓말을 할 줄 모른다. 뒷모습이 진실이다.'라고 했다. 앞모습은 꾸미거나 감출 수 있지만, 뒷모습은 속일 수 없기 때문에 더 진실하다는 뜻이리라. 앞모습을 상징하는 얼굴과 달리 뒷모습에는 표정이 없다. 뒷모습은 사람의 여과되지 않은 그대로의 감정으로 가득 차 있다. 목과 등에서 발뒤꿈치에 이르기까지 더하거나 빼거나 거짓이 자리 잡을 수 없는 공간이다. 사람은 자신도 모르는 사이에 뒷모습을 통해서도 본인을 이야기하고 있는 셈이다.

 출퇴근 시간에 아파트 경비아저씨와 청소 아줌마를 자주 만난다. 그들의 얼굴은 세월에게 받은 주름꽃이 피었어도 뒷모습은 훈훈하다. 자신이 맡은 일만 해도 시간이 모자랄 터인데 이웃을 보듬고 주변을 살핀다. 주차장에서나 엘리베이터에서 누구를 만나든 먼저 '반갑습니다' 라며 고개 숙여 인사한다. '바쁜 현대사회에 목례만 해도 될 건데 인사가 거추장스럽고 야단스럽다는 생각을 했다. 매번 인사를 받는 게 미안하기도 하고 얼쯤해서 일부러 빠른 걸음으로 내달리기도 했다. 날이 가도 변함없는 모습에 내가 먼저 '수고 많습니다.'라고 고개 숙인다. 마음이 움직이기에 몸도 따라가는 게다. 직업인으로서 의무적일 수도 있다. 그러나 성실과 진실로 다가오는 진정성에 닫혀있던 마음도 열리는 게 인지상정이지 싶다. 찾아가지 않은 택배를 가정마다 연락하고, 현관 앞에 배달하고 돌아서는 그분의 등에서 신뢰와 함께 따뜻함을 발견한다. 아파트 경비아저씨에게 대하는 입주민들의 설익은 행동들이 세상을 놀라게 하는 시대가 아닌가. 그분들의 뒷모습이 안쓰러울 때가 많다.

아파트 마당에는 단풍나무가 여러 군데 있다. 봄에 피어난 잎이 단풍으로 물든 가을을 배웅하고 낙엽이 되어 뒹군다. 초록의 푸르름과 단풍의 아름다움을 환호했고 늦가을의 바스락거리는 낙엽을 밟으며 낭만이라 여겼다. 수북이 쌓이는 낙엽의 훗날은 괄호 밖의 영역이었다. 시멘트 바닥에 겹겹이 쌓여 시간이 지남에 따라 축축한 쓰레기가 되어간다. 이른 아침 넓은 아파트 단지 바닥에 흩어진 낙엽을 끌어모으고 치우는 청소 관리원을 보았다. 그분이 쓸고 간 자리마다 수고의 흔적이 깨끗하게 피어난다.

현관 앞과 복도는 주인이 쓸고 닦는 것으로 알고 청소를 해왔었다. 어느 날부터 집 앞 복도가 내가 청소할 때보다 정리되고 더 깨끗해지기 시작했다. 우렁각시처럼 집주인보다 먼저 와서 청소를 하고 사라지는 그분이었다. 주차장 마당은 당연히 깨끗해야 하고, 화단은 정리가 되어야 하며, 공중화장실은 깨끗함이 당연한 줄 알았다. 내 돈 지불하고 받는 서비스에 고마움보다는 누리려는 마음이 앞섰다. 수고하는 이의 뒷모습에 훈훈한 인사라도 건네야겠다.

얼마 전, 결혼한 큰아들 집에 들렀다. 이틀을 머물고 돌아오는 날이었다. 아들 부부는 아기들을 데리고 바쁘게 출타하고 우리는 그 뒤에 집을 나섰다. 고만고만한 아기 둘을 키우느라 집안은 복잡하다. 와중에 아침 일찍 분주하게 나가느라 음식이며 옷가지 이불들이 여기저기 널려있다. 그들이 돌아오면 집안 치우기가 얼마나 힘들겠는가. 시어머니라는 이름이 있지만 일을 하며 아이를 키워본 경험이 있기에, 이불은 털어 가지런히 정리하고 부엌과 화장실의 물건은 제자리에, 흩어진 동화책은 손닿는 대로 책꽂이에 바삐 꽂았다. 빡빡한 시간에 뭘 그리 치우고 그러냐며 작은아들이 거든다. 아들이니까 편할수록 뒷모습에 신경을 써야만 그들의 수고가 줄어들 터이다. '아름다운 사람이 머물다간 자리는 떠난 뒷모습도 아름답다.'는 말은 공중화장실에서만 사용하는 문구가 아닌 듯하다. 만나고 떠나는 순간까지 뒷모습은 영원히 우리를 따라다니며 그 사람에 맞는 향기를 뿌릴 거라 여긴다.

한때 나라를 위해 큰일을 하다가 세상을 등지는 어른들의 뒷모습을 보면서 '뒷모습은 그 사람의 이력서다' 라는 말이 절실하게 다가왔다. 떠나는 뒷모습에서 역사는 기록으로 남는다. 어떻게 살아왔는가에 따라서 좋은 향기가 날수도 나쁜 냄새를 풍길 수도 있다. 사람의 품격이 그 사람의 향기이듯이 살아온 삶의 발자취가 빚어내는 자태가 아닐까. 얼굴이나 표정뿐만이 아니라 뒷모습에도 넉넉한 여유를 지닌 사람들이 많다면 이 세상은 더욱 풍요롭고 아름다워 지리라. (2022. 11. 23)

호야꽃이 피었네

꽃도 아니고 열매도 아니다. 연보라 망울이 아래로 고개를 떨구고 있다. 사철 푸름을 선사하는 베란다 정원에 깜짝 주인이 나타나 들숨을 멈춘다. 큰 힘 안 들여도 싱싱함을 볼 수 있어 초록 식물을 키우는 중, 뜻밖에 신비한 모양을 발견한 것이다. 자세히 살펴보니 플라스틱으로 만든 별 모양의 공예품 같기도 하다.

집안에는 초록 식물이 곳곳에서 자리를 지키고 있다. 잔 손질이 필요한 화초보다 물만 먹여줘도 잘 자라는 관엽식물이 많은 편이다. 웃으며 피어나는 꽃을 좋아하지만 부지런하지 못한 나의 게으름이 한몫하는 풍경이다.

 공기를 정화시킨다는 산세베리아, 선비의 자세로 꼿꼿이 서 있는 관음죽, 집안에 부를 불러온다는 금전수가 대표 관엽식물이다. 고려단풍과 산호수, 호야는 덩굴식물로 그들을 돋보이게 배경이 되어주는 셈이다. 초록 화분에 물을 뿌리며 호야의 긴 덩굴을 들어 올리다가 별 모양의 망울을 보고 가슴이 쿵 했다. 호야는 그 이름에 마음이 흔들려서 들여온 식물이다. 어릴 때 시골집에서 보았던 호야 등불이 아련히 떠올랐기 때문이다. 유리 등 안에서 흔들리면서도 깜박거리며 어둠을 밝히는 호야는 꿈 속에서 고향을 비추었다.
 도톰한 잎을 달고 하얀색 테두리를 만들어 갈 때는 집주인의 사랑을 듬뿍 받았다. 우리와 인연을 맺은 지도 여덟해가 지났으니 익숙함이 지나쳐 무심으로 변해 가는 걸까. 길게 자란 줄기가 성가셔서 가위로 자르기도 하고 금전수 나무에 얹어 주기도 했다.

 보라색 망울이 분홍 아기 별꽃을 터트렸다. 작은 망울이 속을 열고 축적된 향기와 아름다움을 남김없이 펼친다. 분명 호야 잎 겨드랑이에서 나온 꽃이 맞다. 난생처음 보는 보석 같은 꽃이다. 활짝 핀 별꽃 속에 또 하나의 작은 별사탕이 들어있다. 꽃받침도

호야꽃

별 모양이다. 꽃 한 송이에 세 개의 별을 안고 다복하게 피는 호야꽃. 호야 등불처럼, 어두운 밤을 비추는 별처럼 바닥을 보며 빛을 내는 게 아닌가.

호야는 꽃을 피우는 식물인지 몰랐던 터라 더욱 놀랐다. 주인공이 아니라 베란다에서 초록 숲을 도와주는 조연으로 생각했기에 미안하고 고마워서 엎드려 쳐다본다. 아니 엎드려야만 별꽃을 제대로 볼 수 있다. 신비스러운 별꽃은 겸손하게도 고개를 숙이며 피어난다. 오랜 세월을 인내하다가 꽃을 피웠으니 하늘을 향해 얼굴을 들어 올려도 될성싶은데 말이다. 초록 잎들 속에서 혼자 핀 별꽃이니 주인공이라고 내세워도 될 터인데.

'조연은 빛을 내지만 겸손을 잃지 않는 진정한 주인공'이라고 호야꽃이 말을 걸어오는 듯하다. 내 안에 숨어있던 고정관념, 고장 난 생각들이 갓 삶아낸 꽃게 등처럼 붉어진다.

분홍빛 호야꽃을 보면서 가까운 친구를 떠올린다. 있는 듯 없는 듯 조용한 친구는 모임에 빠지지 않는다. 살다 보면 가정이나 사회생활에서 여러 가지 행사가 얼마나 많겠는가. 모든 일정을 조절하며 참석하는 사정을 동아리 회원들은 거의 알고 있다. 본인의 목소리는 크게 내지 않으면서 동아리의 일원이 되어 함께하는 것을 즐거워한다. 마음이 열린 회원이라 동아리를 이끌어 보라는 권유를 해도 한사코 사양한다. 꽃이 피려면 튼실한 꽃받침이 필요하듯이 친구는 언제나 꽃받침이었다. 받침대 역할을 잘 해왔기에 여러 해 동안 꽃은 거듭 피고지고 했으리라. 돌이켜 보니 친구는 조연이었지만 보이지 않는 향기로 주인공 역할을 한 것이다.

호야꽃이 피었다고 전화했다. 처음 보았던 환희의 순간을 전하자 친구는 "너희 집에 행운이 온다는 신호이니 기다려 봐라 하하" 하며 나보다 들뜬 목소리로 훈기를 보탠다. 호야가 꽃을 피우는 건 흔하지 않기 때문이란다. 본인도 탐스러운 별꽃을 보기 위해 몇 해째 키우고 있다는 소식이다. 화초에 대한 해박한 지식도 전화기 너머에서 쉼 없이 흘러온다. 여러 사람이 모일 때는 말이 없는 친구가 호야꽃 이야기에 정성을 다한다. 별사탕처럼 달콤한 이야기에 나도 빠져든다. '덩굴은 자르지 말고 물은 적당하게, 사랑이 필요한 식물'이라는 말이 귓속에 남아있다. 길어진 덩굴이 거추장스럽다며 자주 잘랐고, 바쁘다는 이유로 사랑보다는 습관에 기대어 물을 뿌려 준 것이 전부였지 싶다. 꽃말처럼 '아름다운 사랑'을 주고받지 못했다. 그럼에도 초롱초롱 별꽃으로 피어 초록 정원을 비추고 있다. 기대하지 않던 곳에서 얻은 설렘과 기쁨, 이것이 바로 행운이 아닐까. 집착과 방관을 손질하면 행운은 우리와 함께 하리라.

　조심스레 호야꽃에 손을 내밀어본다. 밤하늘에 뜬 신비한 별무리를 만지는 듯 가슴이 두근거린다. 작고 앙증스러운 모양인데 장미꽃이나 벚꽃처럼 꽃잎이 연약하지 않다. 부드러운 플라스틱으로 만든 꽃다발을 만지는 느낌이랄까. 도톰한 잎을 닮은 두께로 별꽃을 안고 있다. 자연이 만들어 낸 작품이 이렇게 정교할 수 있을까. 오물조물 섬세하게 탄생시킨 예술작품이다. 마음의 눈으로 품고 싶어 카메라 렌즈로 호야꽃을 들여다본다. 렌즈 빛을 따라 웅숭깊고 그윽한 향기가 상서로운 기운으로 번진다.

　꽃이 피었던 자리에는 다음 해, 같은 자리에 또 별꽃이 피어난다고 한다. 처음이 어렵지 자리 잡으면 쉬워진다는 진리를 호야꽃도 알고 있나 보다. 꽃이 핀 자리마다 왔다 갔다는 흔적을 남기는 신기한 호야꽃의 총기聰氣를 기대하며 별꽃 희망 하나 품어 본다. 돌아서면 잊어버리는 기억력, 별꽃을 닮아야겠다.

비밀처럼 찾아와서 떨림을 주고 울림을 선사하는 작은 별꽃, 호야꽃이 피었다. (2020. 7)

2부
소녀 쑤안칸

새우튀김 나오셨습니다

"새우튀김 나오셨습니다."

새우튀김이 존대를 받으며 식탁에 올라앉는다. 이건 ○○이시구요, 이건 ○○이십니다. 직원의 상냥한 친절은 튀김을 찍어먹는 소스까지 이른다. 손님을 예우하는 건지 음식을 모시는지 헷갈린다.

함께 식사하는 이는 아무 느낌이 없다고 한다. 오히려 존댓말을 들으니 손님 대우 제대로 받는 것 같다는 반응이다. 백화점이나 카페, 편의점 등에서 익히 들어온 높임말이라서 적응되었다는 뜻인가. 사람과 사물을 가리지 않고 '시'를 넣어 높임말을 남발하는 직원에게 무어라 할 수는 없다. 존대를 하지 않을 경우, 예우를 안 한다고 화를 내는 손님이 있다니 말이다. '너 자신을 알라'던 소크라테스도 한글을 창제하신 세종대왕도 이런 상황에서 하고 싶은 말이 많을 성싶다.

백화점이나 서비스업계에 '고객이 왕이다'라는 슬로건이 유행하면서 사물에 높임말을 쓰지 않았을까. 손님 입장에서는 고객이 왕이니까 왕처럼 대접받는 것도 좋을 법하다. 백화점 엘리베이터에서 안내를 담당하던 사람이나 호텔 객실 안내원들의 몸에 베인 친절을 보아 왔던 터. 그 세월을 살아온 사람들은 과도한 친절에 익숙해진 것인지도 모른다. 사물에 존칭을 붙여가며 극 대우하는 모습은 최근에 부쩍 많아졌다. 사물 예우에 스스로 만족하며 대우받았다는 착각을 경계해야 할 일이다.

"고객님, 아메리카노 두 잔 나오셨습니다.", "이 옷은 할인이 안 되시는 제품이십니다.", "이 상품은 지금 세일 중이십니다." 과잉 친절에 몸이 오그라든다. 물건에는 존대를 삼가라고 이르고 싶지만 입술을 꾹 깨물고 그들을 쳐다볼 뿐이다. 서비스를 하는 입장에서 보면 존대를 해도 불만이냐며 진상이라고 찍을 것 같다. 고객을 대하는 직원의 공손한 태도로도 친절은 가능할 수 있는 일 아닌가. 사람보다 귀하고 높은 존재가 되어버린 상품들 앞에서 고개 숙여야 할 판이다. 대접받기를 강요하는 손님들의 입맛에 맞추다 보니 웃지 못할 괴상한 존대어가 유행하는 현상이다. 업소용 존댓말을 따로 가르치는 학원이 성업 중이라는 이야기가 헛소문이 아닌가 보다.

존경과 존대에는 진심이 담겨있는 말과 몸짓이 있기 마련이다. 그 몸짓을 마음으로 받으면 될 터다. 굳이 사물에 극 존칭을 붙여가며 존댓말을 주고받아야 할까. 공손하게 높임말을 쓰다 보면 행동거지가 조신해지고 겸손이 몸에 묻어나리라. 몸짓의 언어로 오고 가는 진정한 인사가 마음을 움직일 텐데.

어릴 적 할머니와 같은 방을 쓰며 살았다. 아버지는 아침마다 마실 물을 준비해서 할머니께 무릎을 꿇고 문안 인사를 하셨다. 잠은 잘 주무셨는지, 불편한 곳은 없는지 살피면서 하루의 첫 시간을 온전히 할머니께 드렸다. 바쁜 농사철이나 겨울 농한기에도 아침 인사는 거르는 일이 없었다. 자식들 앞에서는 엄격한 아버지가 할머니를 극진히 모시는 것이다. 버릇없이 어리광만 부리던 손녀는 할머니를 공경하는 아버지를 바라보면서 할머니께 대하는 태도가 바뀌어 갔다. 반말로 할머니와 대화를 하던 손녀가 높임말을 쓰게 되었고 아침마다 물 드리는 일도 맡아서 하게 되었다. 어른을 공경하는 모습을 아버지는 말보다 행동으로 보여 주신 셈이다.

첫째 아이가 세 살이 되던 해다. 친정아버지가 경북 예천에서 도포자락을 날리며 딸 집을 방문하셨다. 한창 말을 배우는 아이는 엄마, 아빠를 불러가며 재롱을 부리는 때였다. 아버지는 외손자 재롱에 흠뻑 젖는가 싶더니 뜬금없이 우리 부부를 불러 앉히는 게 아닌가. "엄마 아빠는 사전에도 없는 말이다. 이제부터라도 아버지 어머니라고 가르쳐라" 라며 사위와 딸의 표정을 번갈아 살핀다. 국어사전을 들이대며 아버지와 담판을 지을 형편이 아니었다. 남편은 결혼 승낙 받을 때의 그날처럼 "예 예 장인어른 그렇게 하지요." 하며 아버지 호령(?)에 바로 답장을 내는 것이다. '아빠 엄마' 하며 작은 입술로 오물거리듯 부르는 말을 '아버지, 어머니' 그 어른스러운 언어로 바꾸라니 어안이 벙벙해질 따름이다. 자라면서 아버지의 명을 거스르는 일은 없었지만 왠지 대꾸하고 싶은 마음이 들었다. 재롱을 부리는 시기에 맞는 언어가 있을 터인데. 귀여운 아이가 너무 일찍 어른스러워진다는 마음에 서운함이 밀려왔다. 목젖까지 차오른 대꾸는 아버지 앞에서 삐죽이 나온 입술이 대답을 대신할 뿐이었다.

이후 우리 집에 엄마, 아빠는 없었다. 아버지 어머니가 있을 뿐. 이웃에서는 세 살 아이가 어머니 아버지라는 말을 하니까 어색하다는 이야기가 돌았다. 갈등이 생겼지만 그냥 밀고 나갔다. 어머니라고 부른 다음에는 높임말을 쓰는 것이다. "어머니 ○○ 해주세요. 아버지 다녀오세요." 하며 자연스럽게 말은 몸으로 익어 간다는 것을 아이가 알려 주는 게 아닌가. 아들은 어릴 때 배운 높임말 덕에 오히려 부모에게 고맙다는 말을 한다. 성인이 되어 높임말로 바꾸려니 어색하고 불편하다는 친구들도 있다는 것이다. 말이 몸이 되고 몸이 말이 되는 아름다운 진실이라고 귀띔을 해주니 다행이다.

우리말은 경어법이 발달한 언어이다. 공손하게 존대어를 쓰다 보면 행동거지가 조신해지고 마음도 따라 예의를 차리게 된다. 아무리 깍듯해서 좋은 존댓말일지라도 지나친 공대어는 듣기 거북하다. 더구나 존댓말이 사람에게 쓰이지 않고 사물에 사용되지 않도록 조심해야 하리라. 존대어를 적절히 쓰는 것이야말로 언어로 인격을 다듬는 일이며 세상을 반듯하게 꾸려가는 길이라 여긴다. (2020. 10. 10)

돌아와요 부산항에

　사직야구장에 함성이 울려 퍼진다. '꽃피는 동백섬에 봄이 왔건만' 오랜만에 들어보는 떼창이다. 롯데 팬들의 열창이 TV 화면을 뚫고 나올 기세다. 나도 텔레비전을 향해 손뼉치며 응원에 합세한다. 8연승을 이어가는 롯데 선수들에게 응원의 노래는 힘이 되고 관중들에게는 흥이 되리라.

　조용필이 부른 '돌아와요 부산항에'는 부산을 대표하는 노랫말이 여러 군데 나온다. 동백섬, 부산항, 갈매기, 연락선, 오륙도…, 이런 단어가 사람의 마음을 움직이는 걸까. 노래에 매료되었다. 내륙지방에서 태어나고 자란 나는 넓고 푸른 바다를 동경했다. 80년대 대구에서 대학을 다니던 중, '돌아와요 부산항에' 노래를 듣고 낭만의 바다를 머릿속에 펼치며 흥얼거렸다. 노래를 부른 가수에게도 마음이 내리꽂혔다.

조그만 체구에서 뿜어내는 강렬한 비트, 온몸으로 흐느끼듯 절규하는 몸짓언어에 환호하며 오빠를 연발했다. 이후부터 오빠 부대가 등장하지 않았을까. 시대의 감성을 지배하던 폴모리아 악단은 내한 공연에서 이 노래를 앙코르곡으로 연주했다. 이를 계기로 불후의 명곡이 되었고 조용필 가수에게는 가왕歌王이라는 명칭도 자연스럽게 붙여졌지 싶다.

피아노를 치며 클래식 음악을 배우던 때다. 녹턴, 은파, 소녀의 기도, 시인과 나 등에 심취했었는데, 이 곡들이 후 순위로 밀려났다. 태어나 처음으로 대중가요를 노트에 적어가며 2절까지 가사를 익혔다. 그 덕에 '돌아와요 부산항에'는 가사를 보지 않고 부를 수 있는 유일한 노래이기도 하다. 노래의 내용은 멜로디와는 다르게 무거운 느낌이었지만 개의치 않았다. 쉽게 외워져서 자신있게 부를 수 있는 나의 노래였는데, 모두가 좋아하는 우리의 노래가 되었다.

> 꽃피는 동백섬에 봄이 왔건만
> 형제 떠난 부산항엔 갈매기만 슬피우네
> 오륙도 돌아가는 연락선마다
> 목메어 불러봐도 대답없는 내 형제여
> 돌아와요 부산항에 그리운 내 형제여

단합대회나 과별 체육대회가 열리는 날 단골 합창곡이었다. 흥이 최고조에 달할 때면 등장하는 노래다. 뽕짝이라고 불리던 흘러간 옛노래도 아니요, 가볍게 부르는 포크송도 아니면서 개인을 우리로 묶어주고 흥을 부추긴다. 딱히 응원가도 없었던 때, 돌아와요 부산항에를 외치며 소속감과 끈끈한 정까지 쌓았으니 이 노래가 대학 문화에도 한몫한 셈이다.

지금도 노래에 나오는 지명은 나를 설레게 한다. 하늘이 푸르면 푸르다고, 흐리면 흐리다고 동백섬을 찾는다. 동백꽃 필 즈음에는 마음이 더 바쁘다. 섬 이름처럼 산책길 곳곳이 동백숲이다. 숲 사이에는 동백꽃, 숲 너머로는 해운대 바다가 펼쳐진다. 고창 선운사나 거제 지심도, 제주도 위미리의 동백꽃 군락지가 이름값을 하지만 부산 동백섬의 동백꽃이 언제나 윗자리를 차지한다. 꽃피는 동백섬의 노래가 중매쟁이가 되어준 첫사랑의 꽃이기 때문이다.

동백섬 허리를 돌아 등대 전망대에 오르면 멀리 오륙도가 보인다. 보는 사람의 위치와 방향에 따라 다섯 개로 보이다가 여섯 개가 되는 오륙도. 섬 이름도 신기하지만 '오륙도 돌아가는 연락선마다 목메어 불러봐도 대답없는 내 형제여~' 노래 가사로 더 유명하지 않은가. 오륙도를 오가는 유람선을 타면 어김없이 한 곡의 노래만 들을 수 있다. 같은 곡을 연달아 들어도 지루하지 않다. 오륙도 바위섬을 찾으려는 묘한 집중력 때문이지 싶다.

오래전 재일동포 모국 방문 행사의 배경음악이었던 이 노래는 많은 사람들의 눈시울을 적셨다. 만나고 헤어지고 울고 웃던 그때, 돌아와요 부산항에 노래는 그들과 시대의 아픔을 함께했을

오륙도

터다. 가사를 씹고 삼키며 녹여내어서 한은 흥으로 풀어지기도 한다. 오늘의 승객들은 노래로 흥을 내며 오륙도 바닷길을 넘실넘실 돌아오리라. 시퍼렇게 물든 바다에 허연 속살을 뒤집으며 달리는 파도가 시원스럽다. 포말 속으로 '목메어 불러봐도' 노래 한 소절 실어 보낸다. 마음 구석에 쌓인 찌꺼기도 풀어놓으련다. 망망대해 넉넉하게 받아주리라.

등대에서 나와 동백섬을 왼쪽으로 끼고 돌면 해운대 웨스틴 조선호텔이다. 호텔 안에 카멜리아 레스토랑이 보인다. 폼(?)나는 영어 간판이지만 동백 음식점이 아닌가. 부산은 동백의 도시다. 시화市花 시목市木도 동백이다. 동백전, 동백택시, 동백역, 동백이

몸으로 마음으로 스며들어 깊은 정이 인다. 이제 부산사람이 다 되었다.

호텔을 걸어 나와 해운대 송림공원에 들어서면 '돌아와요 부산항에' 노래비가 반긴다. 윗부분은 청동판에 부산을 상징하는 파도와 갈매기, 오륙도를 형상화했다. 아래는 대리석에 노래 가사를 2절까지 새겼다. 원곡명은 '돌아와요 충무항'이었다. 원곡 가수가 화재 사건으로 유명을 달리하여 '돌아와요 부산항에'로 수정해 조용필이 부르면서 부산의 노래가 되었다. 이 노래를 들으면 오륙도와 동백섬이 부르는 항구도시 부산으로 여행을 꿈꾸지 않을까.

바다가 품어주고 섬이 말을 걸고 동백꽃이 반기는 부산이다. 부산의 노래는 부산의 역사다. 아픈 역사 속에서 한도 서렸지만 흥을 만들어 냈다. 야구장이 아니면 어떠리. '돌아와요 부산항에' 노래를 함께 불러보자.

'돌아와요 부산항에' 노래비

소녀 쑤안칸

요하네스 페이메르의 〈진주귀걸이를 한 소녀〉

요하네스 페르메이르의 그림 〈진주귀걸이를 한 소녀〉를 보고 있다. 어두운 배경 위로 빛나는 소녀의 얼굴이 눈길을 잡는다. 머리를 말끔히 둘러싼 푸른색과 황금색의 터번, 커다랗고 초롱초롱한 눈동자, 고개를 살짝 돌려 무언가를 지그시 바라보는 듯한 시선, 살짝 벌어진 채 반짝이는 입술, 보일 듯 말듯 불가사의한 미소, 영롱한 진주 귀걸이…. 그림 속의 소녀는 비밀로 둘러싸인 신비의 아이콘처럼 내 안의 그 아이를 불러낸다.

한 학기를 함께 지낸 소녀가 있다. 소녀는 베트남에서 초등학교를 다니다가 한국으로 중도 입국한 열두 살 쑤안칸이다. 베트남에서 이혼한 젊은 엄마는 한국 남자와 재혼을 했고 혼자 남아 있던 소녀는 멀리 엄마의 새 가정으로 오게 되었다. 한국의 새 가정에는 결혼한 첫째 오빠와 서른 살이 가까운 둘째 오빠가 함께 산다. 국적도 다르고 언어도 다른 사람들이 만나서 가족이라는 울타리를 만들어 가는 중이다.

학교 수업이 끝나면 방과 후 교실에서 자원봉사 활동이 시작된다. 소녀에게는 한국의 문화와 정서, 한국어를 익히는 개인 과외 시간인 셈이다. 긴 머리에 커다란 눈동자, 하얀 귀걸이를 한 소녀와 처음 인사를 나누었다. 터번을 쓰지 않았을 뿐 그림의 소녀처럼 아랍인 같기도 하다. 하얀 마스크 위로 보이는 큰 눈망울에 불안과 긴장이 잔뜩 묻어 있다. 말로는 소통이 어려우니 표정으로 마음을 읽어야 한다.

귀를 열어도 들리지 않고 입이 있어도 말하지 못하니 얼마나 힘

소녀 쑤안칸

들까. 눈만 멀뚱하게 뜨고 낯선 또래들의 시선을 온몸으로 감당했을 것이다. 엄마가 사는 나라는 편안하고 즐거울 거라 상상하며 비행기에 올랐을 터인데, 말을 주고받을 수 없으니 교실 안에 홀로 떠있는 섬이 되었을지도 모른다. 나도 상급학교로 진할 할 때 낯가림이 심해 마음고생을 한 적이 있다. 내 어린시절과 비교도 안 되지만 그때를 소환하며 쑤안칸의 손을 잡았다. 그날의 내 표정을 닮은 소녀가 앞에 서 있다. 그림 속의 소녀와 내 앞에 있는 소녀, 그리고 내 안에 오래된 소녀가 닮은꼴로 머릿속을 떠돈다. 백영옥 소설가가 『빨강머리 앤이 하는 말』에서 이야기했듯이, 어른은 모두 전직 어린이가 아니던가. 친구가 되어 주기로 했다.

엄마가 있는 한국으로 오려고 한글 자음 모음과 인사말 정도는 베트남에서 배웠다고 한다. 간단한 사물 이름과 숫자는 읽고 쓰고 이해하는 수준이다. 그러나 책을 보고 공부를 하는 것과 현지에서 대화할 때는 다르다. 이론과 실제는 달라서 소통하는데 큰 도움이 되지 않는다는 것을 공식처럼 확인한다. 직접 몸으로 부딪히며 익혀야 온전히 내 것이 되리라. 말문이 터지려면 공부도 중요하지만 마음이 열리고 신뢰가 쌓여야 할 것 같다.

먼저 서로의 이름을 소개하고, 하고 싶은 말은 번역기를 사용하기로 했다. 이 시대 최고 걸작인 휴대폰에는 만국 공통어가 들어 있지 않은가. 열두 살 소녀도 번역기는 거뜬하게 다룬다. 하고 싶은 말은 선생인 내가 먼저 해야 학생이 따라 할 터. 두 손을 머리 위로 올려 커다란 하트를 만들어 "쑤안칸, 사랑해" 라고 불러 주었다. 놀라는 듯 차분해지는 소녀, 곧장 양쪽 엄지와 검지로 손가락 하트를 만든다. "써새님, 사랑해" 하며 손가락 하트를 내 양손에 꼭꼭 심는다. 사랑이 통했다. 염려가 녹았다. 어떤 대답이 나올지 긴장하고 기다렸는데 몸짓의 언어가 길이 되어 마음의 문을 열어가고 있다. 명쾌하지 않았던 소녀의 무채색 눈빛도 밝아지리라.

영화로도 개봉된 <진주귀걸이를 한 소녀>에서 주인공 그리트는 화가 요하네스와 그림을 통하여 교감하며 절제하는 사랑을 나눈다. 그리트를 닮은 쑤안칸과 나는 음식 이야기로 더욱 가까워진다. 통닭이 맛있고 피자를 좋아한다는 쑤안칸, 먹거리 사진을 보며 공부할 때는 눈동자가 반짝인다. 태어난 곳이 달라도 문화가 달라도 음식 앞에서는 숨겨진 본능을 자유롭게 펼친다. 피자와 통닭 앞에서 우리 둘 사이에 섬은 허물어 졌다.

쑤안칸을 만나는 날이면 설렌다. 마치 연인을 만나는 것처럼.

쑤안칸이 하나씩 새로운 것을 알아 갈 때 내 안에 숨겨진 아이가 성장하는 느낌이다. 쑤안칸 역시 정규수업을 마치면 급하게 방과 후 교실로 직행한다. 살금살금 뒤로 와서 어깨를 치며 깜짝 놀라게 한다. 선생이 크게 놀라야 학생이 두 배로 만족하는 법. 나는 오버액션도 마다하지 않는다. 놀이로 언어를 배우고 스킨십으로 간격을 좁혀 나간다. 손을 잡고 어깨를 맞대며 마음을 읽는 시간이 강물처럼 흘렀다.

익숙해졌다는 것은 헤어질 시간이 얼마 남지 않음을 의미할까. 여름방학을 맞으면서 소녀는 본국으로 떠날 준비를 한다. 고향의 친구들과 외갓집 가족들의 얼굴을 수시로 휴대폰 속에서 확인하며 들떠있다. <진주귀걸이를 한 소녀>의 그림처럼 어두운 배경 속에 감춰진 비밀스런 미소로, 낯선 시간을 걷느라 얼마나 속 땀 흘렸겠는가. 고향의 빛을 받아 환한 미소 머금은 쑤안칸을 기다리며 소녀를 보낸다. (2022. 8.)

방울 할아버지

 방울 할아버지가 오는 시간이다. 오후의 일과가 시작될 때면 신나는 동요 소리와 함께 아이들도 모여든다. 엄마 등에 업힌 아이, 할머니 손을 잡은 아이 할 것 없이 말 수레 옆에서 차례를 기다린다. 골목에서 과일과 채소를 파는 트럭 아저씨들에게도 별명이 하나씩 있었듯이. '바둑이 방울' 노래로 골목을 밝히는 할아버지를 우리는 방울 할아버지로 불렀다.

 햇볕이 잘 드는 골목이었다. 경마장 가는 초입이지 싶다. 초등학교가 가까이 있어 아이들 소리가 끊이지 않던 길이다. 그 길목에 우리 집이 있었다. 중고 피아노 4대를 들여서 학생들에게 피아노를 가르치던 곳이다. '띵띵' 피아노 소리와 '치직'거리는 테이프에서 들리는 동요가 엉켜서 소음이 더해지는 골목이다. 그럼에도 소리를 찾아 사람들은 모여들었다. 피아노 교실은 모여든 엄마들의 입을 통해 자연스레 홍보가 되었다. 아이들이 말을 타는 동안 이웃끼리 정담을 나누고 육아 정보도 나누었으니 말이다. 요즘 같으면 상상이 안 되는 풍경이지만 장난감 말수레는 소통의 자리로 한몫을 한 셈이다.

짐을 싣던 리어카를 개조해서 만든 말 수레다. 햇빛을 가리는 천막까지 있어 이동식 말 타기 놀이로는 그만이었다. 유아 놀이방과 어린이집이 없던 동네에 방울 할아버지의 말 수레는 유일한 놀이터 구실을 한 게다. 빨강 노랑 파랑으로 색을 입힌 말 모형에 아이들이 올라앉아 흔들면 스프링에 의해서 말이 움직인다. 빠른 템포의 신나는 동요에 맞추어 아이들은 말 손잡이를 잡고 엉덩이를 한껏 들썩인다. 놀이공원의 회전목마와는 비교가 안 되는 튕겨주는 그 맛을 요즘 아이들은 알기나 할까. 옛날에는 말이 최상의 교통수단이었으나 아이들에게는 말을 탈 기회가 없었던 것. 아이들의 말 타기 욕구가 놀이로 만들어지지 않았을까. 따그닥 따그닥 말을 타고 달리는 맛에 방울 할아버지를 기다렸는지도 모를 일이다.

   점심나절이 지나면 부르는 듯 말 수레를 밀고 오는 방울 할아버지. 등은 굽었지만 키가 큰 편이고 이목구비가 뚜렷하다. 젊은 시절엔 잘 나가는 대기업의 회사원이었다고 한다. 자세한 말을 아끼는 편이지만 가족이 없어 외롭다는 이야기를 들은 적이 있다. 나이 들어서 남은 시간은 나누고 동심童心을 얻으려고 시작한 일이란다. 나무 조각에 생명을 불어넣어 피노키오를 탄생시킨 제페트 할아버지를 만나는 듯하다. 쓸모없어 버려진 리어카에 색을 칠하고 소리를 만들어 아이들에게 즐거움을 전해주는 방울 할아버지가 아닌가. 세월의 무늬가 온몸에 묻어 있지만 얼굴은 맑고 편안해 보인다. 별명이 '전봇대'였던 우리 아버지의 모습도 언뜻 스친다.

   "솔이야 오늘은 얼룩말을 한번 태워 줄까?"
   "얼룩말은 어제 탔어요. 오늘은 노랑말을 태워 주이소 호호"
   할아버지의 음성에 아이들을 사랑하는 마음이 실려 있어서일까. 얼른 대꾸하는 아이엄마는 이웃집 할아버지를 대하는 듯 따듯하다. 돈 푼을 받으려고 말 수레를 끌고 다니는 상인의 모습과는 사뭇 다르다. 장난감 말 수레에 정情을 가득 싣고 골목을 찾기 때문이다.

할아버지는 일하는 엄마의 마음까지 읽었는지, 첫돌이 지난 아이를 어둑해 질 때 까지 어르고 달래며 말을 태워 준다. 아이가 지루해서 찡찡거리면 얼룩말에서 내려 다른 말로 옮겨가며 태워 주곤 했다. 두 가지 일을 하는 나는 방울 할아버지 바라기가 되었던 것이다. 자주 문을 열고 아이를 살피면 눈을 깜박하며 신경 쓰지 말라는 신호로 나를 안심시킨다. 친할아버지처럼 놀아주고 돌봐 주신다. 피아노 교실 앞에 말 수레를 세웠으니 자리값을 치루겠다는 마음은 아닌 것 같다. 골목은 누구의 것이 아니라 삶이 살아 숨 쉬는 공간이기 때문이다.

30분에 100원이라고 쓰인 종이 간판은 이름값을 못할 때가 많다. 골목에 우는 아이가 있으면 덥석 안아 플라스틱 말에 앉힌다. 정다운 말 한마디가 요금이 되기도 한다. 잠시 시장에 다녀온다고 말 수레에 올려놓고 한참 후에 나타나는 일은 비일비재하다. 과일 몇 알이 든 검정비닐을 안겨주거나 술빵을 건네기도 하니 말이다. 덩치 큰 학생들이 어린아이를 울리거나 싸움이 일어날 때에는 불같이 혼을 내는 훈장님 같은 방울 할아버지다.

말 수레에서 퍼지는 동요는 나른한 오후의 골목길에 활력을 불어 넣었다. 아이들을 불러 모으는 단순한 노랫소리가 아니라 사람들의 정을 나르는 종소리로 기억된다. 방울 할아버지는 골목을 오고 가는 사람들의 친구요 든든한 지킴이었다. 해가 지면 수레를 끌고 굽어지는 뒷모습에 애잔해 하다가, 다음날 거뜬하게 바둑이방울 노래를 싣고 나타나는 모습에 안도하는 날도 많았다. 인생의 황혼 길에서 파릇파릇 피어나는 새싹들의 눈동자를 마음 밭에 피어 올렸단다. 밤이 되면 팔다리가 쑤셔도 '방울 할아버지' 하며 부르는 아이들을 생각하면 다리에 힘이 붙는다고 했다. 그때는 깊은 뜻을 몰랐다. 삼십 년의 세월이 훌쩍 지난 오늘에야 고개를 끄덕인다. 나를 기다리는 사람이 있다는 건 살아있는 나를 확인하는 일일 게다. 아이들은 할아버지에게 생명의 끈을, 할아버지는 아이들에게 즐거움의 끈을 이었던 셈이다.

지금 그 골목길은 바둑이 방울 동요가 사라지고 도시의 화려한 옷으로 갈아입었다. 방울 할아버지가 밀고 다니던 말 수레 대신 인간의 욕망을 실은 세단 승용차들이 경주하듯 달리고 있다. 말 수레가 오고 간 자리를 가늠하기 어렵다. 눈을 지그시 감고 '바둑이 방울 잘도 울린다.' 동요를 나직이 불러본다. 리듬을 타고 방울 할아버지와 아이들의 웃음소리가 하늘 위로 퍼진다. (2020. 6. 10)

도시 비둘기

평화의 상징으로 사랑을 받던 비둘기다. 요즘은 아파트 주차장이나 실외기에 움집을 틀고 용변을 보면서 천덕꾸러기가 되었다. 개체수가 많아진 원인도 있겠지만 비둘기가 갖추어야 할 회귀 능력을 상실했기 때문이리라. 도시의 사람들 주변에서 쉽게 먹이를 구하다 보니 날아다니는 야성도 목마른 갈증도 사라진 모양이다.

주차하려고 빵빵 소리를 내어도 꿈쩍 않는다. 사춘기 녀석의 고집을 보는 듯하다. 빨간 장화를 신고 잿빛 부푼 몸뚱이로 모른 척하고 모이를 쫀다. 자식 이기는 부모 없다는 말이 이럴 때도 쓰이는가. '그래 내가 지는 거야' 하며 기어이 운전석에서 내려 손발로 휘저으니 힘겨운 날갯짓을 하며 낮게 날아간다.

도서관 옆 장미공원에도 비둘기들이 무리를 지어 날아다니곤 한다. 아이·어른 할 것 없이 빵 부스러기며 과자 조각을 던져주기 때문이다. 참새나 까치 같은 다른 새들은 사람이 지나가면 경계하며 얼른 날아가지만 비둘기는 아랑곳하지 않는다. 먹이를 주는 사람들의 마음을 먼저 읽어서인지 비둘기들은 신이 난 듯 모이를 찾아 모여든다.

며칠 전에는 공원 곳곳에 현수막이 걸린 것을 보았다. '비둘기에게 먹이를 주지 마세요' 비둘기는 환경부가 지정한 유해 동물이니 절대 먹이를 주지 말라는 당부의 문구다. 비둘기를 마땅찮게 여긴 내가 정당했다는 마음이 들면서도 야박한 인간들의 이기심이 부끄럽기도 하다.

비둘기가 현수막 글을 읽고 멀리 야생의 숲속으로 이사를 하면 좋으련만 그들도 할 말이 많을 성싶다. 누구는 마당에 살던 가축에서 애완동물로, 다시 반려동물로 승격을 시키지 않았는가. 아기의 유모차도 기꺼이 내주고 방안으로 데려가 '내새끼'라며 안고 업고 사랑하는데 …. 평화의 상징이라며 몇천 마리를 하늘로 날려 줄 때는 언제고 이제와서 유해 야생동물이라 운운하며 먹이를 주지 말라니. 도로 위에 떼 지어 시위라도 하겠다면 어쩌겠는가.

우리집 베란다 난관과 에어컨 실외기에 비둘기가 수시로 날아와 구우구우 소리를 내며 짝을 찾는다. 예쁘게 봐주려고 마음을 먹다가도 똥을 싸놓고 간 자리를 보면 미운 마음이 솟구친다. '이 놈들아 니네 화장실이 아니라니까!' 궁둥이를 아무 곳에나 대고 배설을 하면 유리며 난관에 하얗고 검은색 변은 잘 지워지지도 않는다. 비 오는 날을 잡아 제대로 씻어내지 않으면 보기도 흉하고 냄새도 고약하다. 똥을 치우는 날은 내 입에서 나오는 말도 비둘기 똥을 닮아간다.

콘크리트 숲속에서 마땅히 쉴 곳이 없어 궁여지책으로 찾은 자리일 거라 여기며 쫓다가도 그냥 바라보기도 한다. 비둘기들 나름의 휴식 방법이고 존재의 몸부림이려니 생각하면 안쓰럽기도 하다. 겉모습만 봐서는 깔끔하고 미운 구석이 없다. 얌전히 앉아 있을 땐 착한 아이를 보는 것 같다. 그래도 우리 집이 비둘기를 키우는 공간은 아니지 않은가.

앞 베란다 난관에서 햇볕을 마시고 있는 비둘기를 쫓았다. 에

어컨 실외기에 싸놓은 똥을 치우고 다시는 얼씬도 못하도록 뾰족한 플라스틱을 고정시켰다. 비둘기는 공중을 날다가 투명 플라스틱에 발을 올리려다 날개를 푸드덕 거리더니 아래쪽으로 날아간다. 미안한 마음에 날아간 허공을 멀끔히 쳐다본다. '유해 야생동물'이라는 현수막 문구에 힘을 얻어서 햇볕을 찾아오는 아이를 밀쳐낸 격이다. 오래전 초등학교 국어책에 나오는 키다리 아저씨가 되었다. 높은 담 굳게 닫힌 대문 안, 겨울 북풍의 교과서 책장이 눈앞에서 아른거린다. 그 키다리 아저씨를 얼마나 원망했던가.

뾰족한 플라스틱을 걷어내야 할지 말아야 할지 갈등이 시작되었다. 쫓겨난 비둘기의 뒷모습, 비둘기 똥과 전쟁, 어느 것을 버리고 택할지 고민했다. 태양이 베란다를 환하게 비추는 날 실외기 위에 플라스틱을 하나하나 걷어내었다. 키다리 아저씨가 대문을 열고 아이들을 놀게 하자, 찾아온 봄볕이 이만큼 따뜻했을까. 며칠이 지나자 비둘기는 날아와 똥을 싸고 구구구구 하며 그들만의 자유를 누린다. 비둘기의 놀이를 지켜보는 키다리 아저씨가 되어 다시 평화로운 날이다.

돌아보면 비둘기는 우리와 오랫동안 좋은 인연을 이어왔다.

'비둘기처럼 다정한 사람들이라면 장미꽃 넝쿨 우거진 그런 집을 지어요.' 라는 노랫말처럼 비둘기는 다정다감의 상징이었다. 어릴적 운동회 때 바구니가 터지면서 하늘로 날아가던 하얀 비둘기를 동경했고, 마술사의 모자에서 튀어나와 날던 비둘기가 신기했다. 비둘기는 한 번 짝을 이루면 언제나 함께 다닌다고 하여 사이좋은 부부의 사랑을 비유하기도 한다.

도시에 빌딩과 아파트가 건설되면서 비둘기가 야산으로 떠나지 않고 공원이나 건물에 서식하고 있다. 높은 건물의 틈에 붙어 살면서 오물을 내놓고 환경을 더럽히다 보니 유해 동물의 대상이 되었다.

누군가에게 혐오스러운 존재가 또 누군가에게는 위로의 대상이 되기도 한다. 사람들도 도시의 비둘기가 되기도 할 터인데, 쫓겨났다 다시 돌아온 새는 이 도시의 주인인양 처연히 보금자리를 찾는다. 눈알이 빨개진 저 비둘기를 어쩌랴. (2023. 2)

소울

 오랜만에 영화관 나들이다. 지속되는 코로나 사태로 인해 마스크는 기본이고 영화관의 별미인 팝콘은 옛날 말이다. 좌우 2미터의 거리두기 간격은 나와 타인을 위해서 기본예절이 되었다. '이런 현실에도 영화를 봐야 하는가.'를 생각했지만 결정을 하는 데는 오래 걸리지 않았다.

 어릴 때 제대로 보지 못했던 애니메이션 영화가 끌려서이다. 애니메이션은 어른이 보는 동화이면서도 재미있고 유익하다. 재미있는 건 지금 좋은 것이고 유익하다는 건 나중에 좋은 것이라고 했는데, 두 가지 모두를 즐길 수 있다.

영화 '소울'의 포스터는 어디서 본 듯한 친근한 캐릭터가 매력이다. 약간 볼록한 배와 검은 뿔테 안경을 끼고 피아노 건반 위에서 반달 웃음을 던진다. '어때요, 나와 함께해요'라며 관객을 부른다. 주인공 캐릭터는 한국 출신 애니메이터의 손에서 만들어졌다니 더욱 눈길이 간다.

이 영화는 현실 세계와 탄생 전의 세상, 죽은 후의 세상까지 무려 3개의 세계가 존재한다. 탄생과 죽음, 현재라는 소재를 무겁지 않게 다루면서도 매끄럽게 모든 세계를 연결 짓고 있는 스토리다.

음악이 곧 삶의 이유이고 목적인 중년의 남성 조 가드너의 이야기로 시작된다. 그는 재즈 음악을 사랑하며 밴드 연주자를 꿈꾸지만 현실은 중학교에서 기간제 음악교사로 일을 하고 있다. 그의 가슴은 언제나 훌륭한 밴드에서 재즈를 연주하는 것이다. 평범한 일상을 살아가고 있던 중, 꿈에 그리던 재즈 밴드에 합류할 수 있는 기회를 얻게 된다. 갑자기 꿈을 이룬 것 같아 기뻐하며 정신없이 길을 걷다가 맨홀 구멍에 빠져버리고 만다. 삶과 죽음의 경계선에 선 조 가드너. 이제야 이룰 수 있는 꿈 앞에 다 왔는데 도저히 죽을 수 없다며 도망치다가 결국 태어나기 전 세계로 빠져버린다. 세상을 살면서 너무 만족스러워 흥분했을 때 침착이라는 단어를 새겨야 할 일이다.

사후세계는 영화나 소설에서 자주 나오는 이야기인데 생전 세계라는 낯선 세계가 눈앞에 펼쳐진다.

생전의 세계에는 태어나기 전의 영혼들이 신비스럽게 꼬물거린다. 조 가드너는 생전의 세계에서 멘토 역할을 한다. 태어나기 전의 영혼 22와 파트너가 되는 것이다. 그가 하는 역할은 태어나기 전 영혼의 열정을 찾아주어 그 영혼을 지구로 보낼 수 있도록 하는 일이다.

영혼 22는 아무런 열정을 찾지 못하였고 지구로 가서 태어나고 싶지도 않단다. 반대로 조 가드너는 어서 지구로 돌아가서 자신의 꿈을 이루기 위한 열정이 가득하다. 영혼 22와 가드너가 잠시 현실 세계에 내려왔을 때, 22가 처음 사랑에 빠진 건 피자 한 입이다. 천국의 맛이라는 치즈 가득 든 피자 한 입에 현실 세계에 빠지게 될 것을 예감한다.

달콤한 막대 사탕, 햇살 한 줌, 거리의 활기, 세상 모든 소리와 바람 소리가 그냥 좋단다. 올려다 본 하늘이 좋고 떨어지는 잎새를 잡은 것이 행복하고 나를 사랑해 주는 사람들을 만나면서 드디어 태어나고 싶어 한다. 조 가드너는 22에게 "그건 삶의 목적이 아니야. 그건 그냥 살아가는 거야. 너가 태어날 이유를 찾으려면 너의 열정을 찾아야지"라고 이른다. 영혼 22의 대사를 듣고 꼭 쥐었던 손이 스르르 풀린다. 긴장의 시간을 잠시 내려놓았다.

우리는 얼마나 꿈과 삶의 목적을 강요받으며 살아왔는가. 자신의 불꽃을 찾으라고 자녀들을 닦달하고, 나 스스로를 채찍질하며 내달리는 삶을 살았다. 영혼 22는 그냥 살아가는 게 좋다고 행복하다고 하지 않는가. 그렇다. 목적 없이 살아도 된다고 한다. 보이는 것, 들리는 것, 맛보는 것에 즐거움을 느끼면서. 에크하르트 톨레가 말했듯이 매 순간을 즐기면서 '지금 이 순간을 살아라' 라는 메시지를 읽는다.

22호는 다시 태어나기 전 세상으로 가고 가드너는 자신의 몸으로 돌아와 그렇게 원하던 재즈 공연의 꿈을 이룬다. 가드너는 꿈을 이루었고 그 기쁨은 컸다. 꿈은 이제 일상이 되어버린다. 꿈을 이루면 뭔가 크게 달라질 줄 알았던 조에게 함께 공연을 한 유명한 재즈 연주가는 말한다.

'어떤 물고기가 바다에 가고 싶어 했어. 근데 이미 그곳은 바다였지. 그래서 말해주었어. 이곳이 바다야. 하지만 그 물고기가 다시 말하더라고. 아니요, 물속이 아니라 바다를 가고 싶어요.' 지금도 충분한 삶, 현재를 즐겨야 한다는 말이 아니겠는가. 영화가 끝나도 오랫동안 지워지지 않는 여운의 장면이다. 오늘을 사는 우리들의 이야기이기에.

가드너는 음악이 인생의 전부이며, 음악을 통해 꿈을 이루어야만 행복한 삶이라고 생각했다. 영혼 22를 통해서 꿈을 이루지 못해도 충분히 가치가 있었고 행복했던 삶이었음을 깨닫게 된다. 열정 없는 중학생들을 가르치는 일을 한 것, 일을 마치고 돌아오는 지하철에서 지는 노을을 바라본 것, 자신이 원했던 일은 아니었지만 그의 일상 속에서 충분히 행복했다고 말할 수 있게 된 것이다.

무엇이든 아주 잘할 수 없어도 충분히 가치 있는 삶이다. 바람이 부는 걸 느끼는 것, 햇살을 느끼는 것, 찬 공기를 마시는 것,

하늘을 올려다보는 것으로 말이다. 코로나 시국에 일상의 소중함을 일깨우는 의미 있는 영화 '소울'에 위로를 받는다.

(2021. 1. 31)

열사흘 달밤

 달밤을 걷는다. 붉은 노을이 내려앉자 열사흘 달이 바통을 받았다. 한낮의 정취와는 전혀 다른 신비한 세상이다. 가을의 전령사인 은빛 갈대도 주홍 단풍도 달빛 아래서 고요하다. 붉은빛, 은빛이 달밤에는 흑백의 수묵화로 변신한다. 깊은 무채색 풍경 속을 걸으며 오래된 시간을 불러낸다.

 '햇볕에 바래면 역사가 되고 달빛에 물들면 신화가 된다'라고 이병주 작가는 소설 『산하』의 서문에 한 문장을 남겼다. 낮의 태양은 누구나 누릴 수 있지만 밤의 달빛은 그 향기와 빛과 맛을 아는, 사람의 이야기로 서사가 된다는 게 아닐까. 달빛 아래 서면 지나간 인연과 그 시간이 그리워진다.

　누구나 달밤의 추억 하나쯤은 지니고 있지 싶다. 애틋하고 아름답거나 사무치게 슬픈 사연도 품었을 터이다. 달은 밤의 영혼이자 감성의 뇌관이라 했다. 취한 듯 홀리게 하는 마력이 달이 지닌 매력이 아니겠는가.

　한때 달빛 속을 자주 걸었다. 밤 산책을 하면서 뿌연 달빛에 푹 빠졌다. 시골집 감나무에 걸린 달이 머리 위에 떠 있는 것 같은 아늑함이 있었다. 그 달을 나뭇가지 사이에 걸어 놓기도, 강물 위에 띄우기도 했다. 그리고 달빛의 은근한 기운을 내 안에 들였다. 밤의 달빛은 낮보다 덜 계산적이면서 고향의 포근함까지도 들어앉힌다.

　이효석의 단편소설 『메밀꽃 필 무렵』에 허생원이 동이와 메밀꽃이 흐드러지게 핀 달밤의 산길을 걷는 장면이 나온다. 달빛 아래 두 사람은 긴장이 풀어지고 마음의 거리가 가까워지는 계기가 된다. '짐승 같은 달의 숨소리가 손에 잡힐 듯이 들리며, 콩 포기와 옥수수 잎새가 한층 달에 푸르게 젖었다. 산허리는 온통 메밀

밭이어서 피기 시작한 꽃이 소금을 뿌린 듯이 흐뭇한 달빛에 숨이 막힐 지경이다.'소설의 문장을 읽다 보면 글 속의 달빛에 취해 나도 모르게 허생원 당나귀 뒤를 따라 걷는다. 목성균의 수필『누비처네』에서 작가는 추석을 쇠고 처갓집을 방문한다. 달빛에 젖어 혼곤하게 잠든 가을 들녘을 걷는데 아내의 등에 업힌 어린것이 펄쩍펄쩍 뛰며 소리 내어 웃는다. 달빛을 담뿍 받고 웃는 제 새끼를 업은 여자와의 동행에서 그는 행복이 무엇인지 구체적으로 알았다고 한다. 이렇듯 달밤은 인간적인 향기를 알아가는 묘약이 숨어있다.

오늘은 낙동강 물줄기를 따라 길게 이어지는 화명생태공원 길을 걷는다. 푸르스름한 하늘에 열사흘 달이 노랗게 떠 있다. 날카롭게 구부러졌던 초승달이 시간을 먹고 배불러 통통하다. 가득함으로 충만하지 않지만 한쪽으로 기울어지지 않아서 좋다. 보름달보다 채울 틈이 남아있어 누구의 사연도 받아 줄 성싶다.

작은 것 하나도 소유하려고 서로 다투고 고통을 겪는데 저 달은 누구나 하나씩 가져도 또 나타나는 착한 달이다. 착한 달이라고 이름 불러주니 더욱 환하게 미소를 보낸다. 웃는 달 속에서 S유치원 원장님을 만난다. 달 같은 미소와 별처럼 초롱한 눈빛을 가진 그다. 오래전 대마도 여행에서 그의 노래를 들었다. 그날도 열사흘 달밤이었다. 파도가 이는 바닷가에 울려 퍼지는 원장님의 노래는 눈으로 보는 아름다운 선율이었다. "검은빛 바다 위를 밤 배 저 밤 배" 배가 없어도 떠다니는 배가 보이는 밤이었다. 고운 음성만큼 부드러운 심성을 가진 그의 음색에 우리는 바다가 되었다가 배가 되기도 했다. 달은 하늘에만 있는 게 아니었다. 지상에도 환하게 떠서 여러 사람을 비춰주었다.

원장님은 여행을 다녀오거나 귀한 물건이 있으면 자신보다 주위 사람을 챙긴다. 동아리 모임이 있는 날이면 양손이 모자란다. 장신구, 옷가지, 스카프 등을 준비하여 회원에게 맞는 소품을 풀어 놓는다. 선물을 바라며 동아리 모임을 기다리는 사람도 있었다. 주는 설렘과 받는 기쁨이 어우러지는 아름다운 순간이기 때문이리라. 준비한 물품이 개인에게 맞춘 것처럼 들어맞으면 주는 그분이 더 기뻐한다. 본인에겐 엄격하고 타인에게는 한없이 후한 성격의 소유자인 그는 마음 밭이 넓은 사람이다.

가진 것 이상으로 옆 사람을 챙기는 그가 병상에 누웠다. 벌떡 일어나 우리 곁으로 오라고 기도한 지도 여러 해 지났다. 받지 못할 답장이라는 걸 알면서도 달이 차오를 때면 휴대폰 편지를 보낸다. 저 혼자 채워지는 달처럼 늘어진 몸 추스르고 다시 일어나라고.

눈과 귀는 열려있어도 말문이 막힌 그다. 답답한 심정은 그를 아는 모두의 몫이 되었다. 야위어 가는 몸을 보여주기 싫어 면회를 사절하니 안타까움만 쌓인다. 손이라도 잡아보고 어깨라도 토닥이며 따뜻한 온기를 주고 싶다. 달빛에 안부를 실어 그에게 보낸다. 열사흘 달빛이 그의 병실을 찾아가 속 깊은 친구가 되어주면 좋겠다. (2022. 9.10)

잔치국수

    잔칫날에는 국수를 찾는다. 결혼식이나 돌잔치에서 국수는 그 날을 기념하는 상징 음식이다. 하얀 면발이 돌돌 말린 잔치국수 앞에 국수 면발처럼 길게 줄을 선다. 잔칫날에 먹는 국수는 평소보다 더 맛나고 특별하다. 잔치를 맞는 주인공의 수복이 길게 이어지고 번창하길 바라는 마음이 함께하기 때문이리라. 잔치국수, 지금은 손쉽게 접하는 음식이지만 어렵던 시절에는 귀하신 몸이었다.

    잔치라는 말만 들어도 설레던 적이 있었다. 잔칫집에서는 맛있는 음식을 마음껏 먹을 수 있었기에 기쁜 날이 아닌가. '국수 언제 먹여줄래?'라고 채근하는 소리가 잦아진다 싶으면 이웃 언니가 곧 결혼을 하던 때다. 결혼식 날 국수를 대접하는 것도 국수의 면발처럼 신랑 신부의 연聯이 오래도록 이어지기를 기원하는 뜻이 담겨진 듯하다.

  버드나무 행간에 연두 물이 차오르면 마을에 꽃소식이 날아든다. 누군가는 꼭 결혼을 하는 것이다. 마당에 포장 막이 드리워지면 아이들의 마음도 술빵처럼 부풀어 오른다. 담장 아래 고무줄 놀이를 하면서도 마음은 잔칫집을 들락거린다. 아궁이 안에서는 장작불이 타오르고 가마솥은 비지땀을 흘리며 연신 국수 가락을 삶아낸다. 이웃 아주머니들은 하얀 국수를 씻어 대광주리에 수북수북 산처럼 건져 올린다. 하얀 섬 같이 쌓아 올린 국수를 몰래 한 올씩 떼어 먹었다. 짭조름한 면발의 감각은 허기진 배를 더욱 부채질했다. 일하는 사람들의 분업이 시작되면 잔치국수를 먹을 시간이 다가온다. 입이 큰 놋그릇이 일렬로 줄을 서고 국수를 담는 손, 노랗고 하얀 고명을 얹는 손, 검게 부셔놓은 김 가루를 넣는 손을 거쳐 멸치육수를 마지막으로 붓고 양념을 얹으면 잔치국수를 맛보게 된다. 바깥마당 조무래기들도 작은 상에 둘러앉아 손님 대열에 합류한다. 젓가락에 돌돌 말아 후루룩 뚝딱 건져 먹으면 그 충만함은 하늘을 나른다. 잔치국수는 잔칫날의 기름진 냄새와 흥겨움이 배어있어 마음을 잡는 음식이다.

잔치국수 맛을 알고부터 집에서 만든 칼국수는 먹지 않았다. 아니 몸에서 받아 주질 않았다. 누런 콩 국물과 매끄럽지 않은 국수 가락이 입안에서 맴돌았다. 별미로 먹었던 콩국수를 목 줄기에서 받아 주지 않으니 난감했다. 마치 새 옷을 입어봤는데 벗어 놓고 헌 옷을 다시 입으라는 것처럼 몸과 마음이 이상 반응을 하는 게 아닌가. 밀가루가 흔하지 않았기에 잔칫날에만 맛볼 수 있는 귀한 음식의 맛에 마음을 빼앗긴 것이다.

어머니는 밀가루에 생 콩가루를 적당히 섞어 반죽을 하신다. 뭉치고 펴기를 몇 번씩 반복하고 홍두깨로 밀어 정성을 쏟는다. 반죽을 얇게 펴 홍두깨에 감으면서 두 손으로 꼭꼭 누르면 점점 넓게 늘어난다. 많은 식구를 양껏 먹이려면 더 크게 만들어야 했을 터이다. 원 모양이 된 국수판은 펼 때마다 홍두깨에 감은 반죽의 방향을 가로, 세로로 번갈아 돌려준다. 종잇장같이 얇게 밀어서 반으로 접고 다시 여러 번 접어서 손목 정도 두께로 가지런히 올린다. 그동안 밀가루 반죽을 접을 때마다 달라붙지 않도록 콩가루를 뿌린다. 신의 손놀림 같은 칼질로 원형 반죽은 얇은 가락으로 늘어지고, 몸을 추스른 국수 가락은 제철 호박과 어울려 콩 칼국수로 변신하여 상으로 올라간다. 귀퉁이 남은 국수 꼬리는 아궁이 불에 구워 군것질 과자로 입을 즐겁게 했다.

'아, 시원한 맛이다'를 연발하는 아버지의 묘한 흥분에는 어머니의 수고가 국물로 우러났으리라. 어린 나는 아버지의 말에 고개 끄덕이지 못했다. 혀의 미각은 벌써 잔치국수 쪽으로 기울어졌으니까.

잔치국수가 생각이 나면 구포시장으로 나선다. 국수는 집에서도 만들 수 있지만 말처럼 쉽게 또 맛나게 할 재간이 없어서다. 국수라는 음식은 먹기는 쉬워도 여간 까다로운 게 아니다. 갖가지 재료로 육수를 뽑아야 하고 면을 탱탱하게 삶아내는 시간도 중요하다. 잔치국수의 화려한 고명들은 일일이 다듬어 채를 썰어 볶거나 무쳐서 면발 위에 조화롭게 올려야 한다. 손이 많이 가고 시간이 걸리기에 두 식구가 자주 해 먹기는 어렵다. 가성비를 떠올리면 전문 식당에서 먹는 것이 훨씬 이득이지 싶다.

구포시장 안에 '구포국시'라고 쓰인 국수집은 간판만 보아도 옛 맛이 입안으로 스민다. 60년 전통에 자연의 맛을 담았다는 글

귀는 시장을 찾는 이의 걸음을 잡기에 충분하다. 구포 잔치국수는 낙동강 하류의 해풍에 국수 가락을 3일 동안 자연에서 말리고 열다섯 가지의 육수 재료를 사용한단다. 직접 면을 만들어 자연에서 말리고 음식으로 내는 과정을 벽에 전시해 두었다. 건식 구포국수는 상자마다 빼곡하게 들어앉아 손님을 기다리고 주방에서는 구수한 육수 냄새가 정겹다. 온국수, 냉국수 4000원, 벽에 붙은 가격표도 착하다. 잔칫날의 옛 추억도 불러내고 출출한 뱃속을 달래기에 안성맞춤이다.

양푼이 같이 큰 그릇에 말아낸 한 그릇의 국수. 부추, 마른김, 단무지 등 흔한 재료로 고명을 만들어 소박한 모습으로 마주한

다. 양념장과 육수에 전문가의 비결이 숨어있으리라. 후루룩 소리를 내며 맛있게 먹는 사람들의 표정이 푸근하다. 국수 결마다 은은하게 밴 육수가 촉촉하게 마음에 달라붙는다. 쫄깃한 면발과 진한 육수의 감칠맛이 손님들을 부르는 것 같다. 매월 11일은 '국시데이'라고 정해서 할인까지 해준다고 한다. 정을 얹고 따뜻함까지 더해서 구포국수의 맛이 부산의 맛으로 멀리 퍼져 나가리라 믿는다.

모든 것이 차고 넘쳐 나날이 잔치 같은 시대에 우리는 살고 있다. 어렵던 시절, 배를 채워주던 잔치국수로 비어있는 자리에 허기를 채운다. (2021. 7. 10)

찔레꽃이다

 오월의 향이 진하다. 초록 덩굴 사이로 하얀 웃음을 내미는 찔레꽃이 반갑다. 흰색 드레스를 입고 다소곳이 고개 떨군 신부 모습 같다. 습지에 무더기로 피어서 진한 향수를 불러내는 강둑의 주인공이다.

 세상의 어느 꽃인들 예쁘지 않은 꽃이 있겠는가. 하지만 찔레꽃은 마음속에 숨어있다가 오월이면 향수로 나를 부른다. 풀숲이나 강가에서 무덤덤하게 피어 색으로 향기로 걸음을 잡는 꽃이다. 새움이 돋고 우럭우럭한 줄기를 뻗어 소담스럽게 하얀 꽃을 피워 올린다. 누구에게도 내세우지 않고 들판이나 길섶에서 해쓱이 웃다가 소리 없이 잎을 떨구는 잔잔함이다. 초록의 세상에 흰색을 환하게 얹으며 생기와 소망의 푸름을 뿌려놓는다.

  햇살 좋은 오후, 화명생태공원 언덕배기에 찔레꽃을 만나러 나선다. 장미과 식물임에도 장미와는 퍽 다른 품성을 지녔다. 다섯 장의 흰 꽃잎에 노란 꽃밥으로 피어나는 찔레의 낱꽃이 순수하다. 장미가 울먹 줄먹 꽃을 피우는 데 비해 찔레는 자잘한 꽃을 꽃대에 단다. 장미는 겹꽃이지만 찔레는 갈래꽃에다 홑꽃이다. 도시의 담장에서 화려함을 자랑하는 장미요, 길섶이나 산기슭에서 소박하게 피어나는 찔레꽃이다. 가시로 몸을 보호하며 진한 향을 뿜어내는 모태는 서로가 닮았다. 오월은 장미의 계절이기에 계절의 여왕이라고 부르며 장미를 예찬했었다. 장미가 화려하고 열정적이라면 찔레꽃은 소박하고 단정하다. 이 두 꽃을 다 좋아했는데 이제는 찔레꽃에 마음이 머문다. 세월이 갈수록 고향의 꽃이라는 향수가 붙어 다니기 때문이지 싶다.

  고향집 언덕에 피고 지던 찔레꽃이 이맘때면 더욱 그립다. 학교를 파하고 돌아오면 제일 먼저 반겨주는 꽃이었다. 찔레꽃이 필 때면 모내기 철이라 가족이 논밭으로 동원되어 집안은 휑하니 비어있었다. 하얗게 핀 찔레꽃을 친구삼아 외로움을 달래곤 했었다. 꽃잎을 따서 공중에 날리기도 하고 여린 순을 꺾어 간식을 삼기도 했다. 먹을 것이 부족했던 시절 아닌가. 달콤한 식감과 상큼한 향기로 허기를 채웠다. 어릴 적 그날로 돌아가 찔레 순을 입에 물어본다. 들들한 풋내가 입안을 맴돈다. 달큼한 끝맛이 나올 때까지 꼭꼭 씹는다. 단맛은 어디 가고 씁쓸한 뒷맛만 입안에 머문다. 이 맛도 애정의 향기라 여기며 오월이 되면 찔레꽃에 흠뻑 빠진다.

찔레꽃의 꽃말은 '가족에 대한 그리움'이다. 꽃말처럼 애잔한 이야기가 전해온다. 찔레꽃에는 가난의 슬픈 내력과 아픔이 있다. 우리 민족에게 슬픔으로 각인된 이 꽃의 내력은 고려시대 원나라에 공녀로 바친 찔레 소녀의 슬픈 설화로 시작된다.

산골 마을에 사는 찔레와 달레라는 두 자매는 병든 아버지를 모시고 살았는데 언니인 찔레가 원나라로 끌려갔다. 찔레는 다행히 마음씨 좋은 주인을 만나 몸은 편히 지낼 수 있었지만 고향에 두고 온 가족을 그리며 야위어 간다. 보다 못한 주인은 찔레 소녀를 고향으로 보내 가족을 찾게 한다. 세월이 흐른 탓에 고향의 가족은 찾을 길이 없고 소녀는 산골짜기를 헤매다 숨을 거둔다. 가족을 그리는 마음은 숨진 자리에서 하얀 찔레꽃으로 피어났고, 애타는 목소리는 진한 향기로 돌아왔다는 이야기다.

 소리꾼 장사익이 부르는 찔레꽃 가사는 들을수록 가슴이 미어진다. '별처럼 슬픈 찔레꽃, 달처럼 서러운 찔레꽃'이라고, 그의 목소리를 통해 피를 토하듯 하얗게 쏟아낸 꽃은 돌이킬 수 없는 슬픔의 결정체다. 수년 전 서울의 영인 문학관에서 들었던 장사익의 찔레꽃은 더 이상 산골 소녀가 아니라 완숙한 여인의 모습이었다. '봄날은 간다'와 어우러져 꺽어지고 휘어지는 한恨의 소리가 오늘 찔레꽃잎을 흔들어댄다.

 찔레는 존귀함을 알려 주기도 한다. 순수하여 더럽힘이 없는 귀함이요, 아름다운 빛과 향기를 지니는 신선함이다. 마치 갓 태어난 아이 마음같이 고결한 생명의 존엄성마저 일깨워 준다. 먼 곳에 있어도 푸르름 속에 하얀 존재가치를 보여준다. 내 스스로 아름답다는 메아리보다는 대중 속에 은은하게 비치는 고결함을 보이는 겸손이 있으니 이 또한 귀함이 아닐지.

 아름다운 꽃들도 종류마다 향기가 다르듯이 우리 인간도 개개인이 풍기는 체취가 다르다. 꽃은 고유의 향기를 지니고 있지만 사람은 꽃과 달리 각자의 노력 여하에 따라서 다른 향기를 지니게 될 터이다. 좋은 인품과 인격, 덕을 갖춘 사람에서 더욱 좋은 향기가 풍길 것이다. 향기 좋은 꽃에 벌 나비가 많이 날아들 듯이 사람도 그러하리라. '인향만리'라는 말처럼 사람의 덕스러운 향기는 발이 없어도 만리를 거뜬히 오가는 힘이 있다.

 찔레는 강인한 생명력을 보여주면서도 투박하거나 밋밋하지 않다. 화사하여 보는 이의 마음까지 환해진다. 밝은 곳이든 어두운 곳이건 향기로 드나들어 빛을 낸다. 들판의 바람과 햇빛, 별들의 말을 간직하면서 추억을 배달하는 꽃. 오월의 세상을 향기로 밝히는 꽃이다. (2020. 5. 19)

복숭아

　　과수원집으로 시집을 간단다. 과일을 마음껏 먹을 수 있다는 생각에 언니는 부러움의 대상이었다. 먹을 것이 부족했기에 과일은 귀한 간식거리였다. 어쩌다 손님이 과일을 사오시면 그날이 생일처럼 좋았다. 달달한 첫맛의 기억으로 지금도 과일가게를 이웃집처럼 드나든다.

　　많은 과일 중에서 복숭아를 좋아한다. 어릴 적 집 언덕배기에 연붉은 꽃을 피우는 복숭아나무가 있었다. 여름이면 복숭아가 몇 개씩 열렸는데 식구들이 양껏 먹기에는 부족했다. 학교를 오가며 나무에 매달려 따먹던 복숭아는 꿀맛이었다. 까칠한 솜털을 대강 씻어내고 한입 베어 물면 달콤하면서도 아삭한 그 맛은 언제나 아쉬운 뒷맛을 불렀다. 끝내 보리쌀을 안고 산 너머 과수원에서 복숭아와 바꾸어 먹었다.

보리쌀 자루를 들고 주인아저씨를 부를 수 없어서 과수원 앞을 수없이 맴돌았다. 집을 나설 때 용기는 어디로 가고 부끄러워 입을 뗄 수가 없었다. 누군가 내 대신 "아저씨, 보리쌀로 복숭아 바꾸어 주세요!"하면 나는 뒤에서 "나도요"할 건데 나타나는 이가 없었다.

막막한 시간은 자꾸 흐르고 마음이 초조해져서 잘못 없는 대문을 발로 쿡쿡 내쳤다. 그러자 과수원을 지키던 멍멍이가 크게 짖었다. 개 짖는 소리에 엄청 놀랐지만 그 바람에 주인아저씨가 나타나서 보리쌀을 얼른 받아 안았다. 어린아이의 표정만 보고도 상황을 읽었던 것이리라. 복숭아를 먹기 위한 힘든 과정이었다. 보리쌀 자루는 복숭아 자루로 변해서 달콤한 맛으로 발길을 재촉했다. 돌이켜 보니 나의 용기를 시험해 보려는 부모님의 의지였는지도 모를 일이다. 먹을 것은 거저 얻어지는 것이 아니라고.

어릴 때 먹던 달콤한 복숭아 맛은 결혼 후에도 나를 유혹했다. 입덧으로 비위가 상했을 때, 겉은 붉고 안은 샛노란 천도복숭아는 내 입맛을 지켜주었다. 신맛과 단맛의 조화로 몇 달 동안 지속되던 매스꺼움을 가라앉혔다. 아침 설거지를 하고 나면 아파트 앞마당에 과일을 실은 트럭이 나타난다. "과일 사러오이소, 싱싱한 과일!" 아저씨의 힘찬 외침이 끝나기도 전에 트럭 앞으로 마음이 먼저 달려간다. 첫여름을 싣고 온 트럭에는 제철 과일이 색으로, 빛깔로, 향으로 얼굴을 내민다. 다른 과일은 눈으로만 맛을 보고 복숭아는 온몸으로 침을 삼키며 박스채 사 온다. 어릴 적 먹었던 추억의 맛이 입덧도 이겨내는 명약 구실을 하는 것이다. 열 달 동안 과일을 무척이나 먹었다. 그래서일까. 태어난 아이는 과일을 주식처럼 즐긴다. 천도복숭아, 백도, 황도를 가리지 않고 좋아한다.

여름으로 접어드는 첫 번째 과일로 천도복숭아가 이름을 올린다. 사각사각 아삭한 맛의 천도복숭아가 끝날 즈음에 하얀 속살에 선홍색 겉껍질을 지닌 백도가 뒤를 잇는다. 이어서 노란 황도의 차례다. 백도와 황도는 토실토실 뽀송뽀송한 솜털을 달고 있어, 손으로 껍질을 까야 제맛이다. 줄줄 흐르는 달콤한 과즙은 누구도 만들어 낼 수 없는 최고의 맛이다. 과일가게에서 좋은 것을 고른다고 이것저것 누르면 온몸에 멍이 든다. 조심스럽고 귀하게 다루어야 하는 천상의 과일이 아닌가. 종이 상자에 곱게 쌓인 복숭아의 소망은 '나를 소중히 다뤄주세요.'라고 호소하는 듯하다. 찬 곳은 싫어해서 냉장고에 보관하면 맛이 덜하니 실온에 두고 자주 돌보아야 한다.

 예로부터 복숭아는 신선들이 즐겨 먹는 과일로 장수의 상징으로 여겼다. 동양에서는 복숭아를 악마나 병마를 퇴치하는 과일이라고 믿어왔다. 『서유기』 속의 손오공은 복숭아를 훔쳐 먹은 죄로 무거운 벌은 받았지만, 늙지도 죽지도 않는 불노불사의 몸이 되었다고 하지 않은가. 과히 선과라는 애칭이 붙을만하다. 화가 이중섭은 어린 나이에 세상을 떠난 아들의 관속에 직접 그린 천도복숭아 그림을 넣어 주었다고 한다. 아들이 일찍 죽었으니 천당에서 오랫동안 복숭아 맛을 누리라는 뜻이 담겼지 싶다.

 병석에 누워계셨던 아버지의 머리맡에 수시로 복숭아 통조림을 사다 날랐었다. 쇠약해진 아버지의 심신을 북돋우는데 복숭아의 이야기를 빌리고 싶은 마음이 일었던 것이다. 볼그레한 황도 몇 조각으로 입을 축이면서 달달한 웃음을 지으셨던 분이다. 빙그레 미소 따라 병마가 달아나 버렸으면 하는 바람이 있었다. 복숭아는 건강해도 몸이 쇠약해도 약방에 감초처럼 찾는 귀하고도 필요한 애愛 과일이다.

 이제 과수원으로 시집가는 언니를 부러워하지 않아도 되는 세월이다. 아삭한 천도복숭아보다, 익어서 과즙이 녹아드는 백도와 황도를 닮아가는 시간이 흐르고 있다. 오늘도 하얀 속살을 드러내며 나를 기다리고 있을 복숭아를 만나러 나선다. (2020. 8. 10)

３부

따로 또 함께

수산댁이 사는 법

 수산댁은 혼자 산다. 91세의 그녀는 늘 바쁘다. 키가 작아지고 몸집이 줄어도 마을에서 인기 할머니다. 그 인기는 등 너머까지 소문이 난 모양이다. 이른 아침 봉고차로 수산댁을 모셔간다. 일손이 귀한 농촌에서 일머리가 돌아가는 노인을 찾았을 게다. 흙밭에 반쯤은 허리를 접은 그녀, 상추도 따고 당근도 다듬는다. 일하는 틈 사이로 우리가락 한 자락씩 뽑아 올리면 상추 잎이 춤을 추고 일꾼들도 신명을 낸다.

 젊은 시절 그녀는 너른 논밭의 주인이었다. 낮에는 일에 붙들리고 밤에는 동네 부녀회를 돌보며 주경야망晝耕夜忙의 날들을 살았다. 지금은 작은 땅뙈기 하나 없어도 남의 일로 분주하다. 지난 일들이 아직도 그녀의 손을 잡고 놓아주질 않는지, 그녀 스스로 일을 잡고 있는지 모를 일이다. 늙어빠진 몸을 불러 주는 것만도 고맙다며 흡족해하는 걸 보면 후자가 맞는 것 같다. 때로는 '아프다, 힘들다'라는 말을 흘리기도 할 건데 수산댁 사전에는 그런 단어가 없다. 당당한 그녀도 홀로된 밤이면 기억자 굽은 허리를 낮은 일당으로 주무르지 않을까.

여름 장마철에는 그녀도 쉬는 날이다. 이때다 싶어 딸은 안부 전화를 한다. '나는 괜찮다, 나는 괜찮다'하며 수산 댁은 언제나 같은 말을 녹음한 듯 읊는다. 전화선을 타고 오는 카랑카랑한 목소리는 반가우면서 여운이 복잡하다. 일 없고 말동무 없으면 성하던 몸도 여기저기 쑤신다는 걸 예순을 넘긴 딸은 알기 때문이다.

궂은 날씨에는 그녀의 놀이가 따로 있다. 아랫동네로 마실을 나간다. 오래전에는 콩을 놓고 화투놀이를 했는데 요즘은 돈을 놓고 고스톱을 한단다. 노란콩 검정콩을 주거니 받거니 하더니 영 재미가 붙질 않았는가 보다. 콩알 몇 개 더 가져간다고 자랑거리가 되지는 않았을 거고 몇 알 잃는다고 마음 상하지 않았을 테다. 콩은 콩이기 때문. 하지만 승부욕이 유난히 강한 수산댁, 콩을 잃어도 힘 빠진다는 걸 안다. 콩을 따든 돈을 따든 놀이가 끝나면 다시 돌려주지만, 몸 바쳐 이겨야 하는 근성을 누가 말리랴. 고스톱에 몰입하는 동안은 천국과 지옥을 수없이 드나든다니 말이다.

 돈을 놓고 화투를 한다는 소문에 이웃들과 의가 상하면 어쩌나 딸은 마음을 졸인다. 통 큰 수산댁이 그럴 리는 없다고 장담하지만 모를 일이다. 나이가 들면 다시 아이가 된다는 말이 있지 않은가. 단짝인 여든여덟의 양철할매는 며칠을 이불 덮어쓰고 두문불출 했다던데…. 화투를 만지며 논다고 엉덩짝을 후려 맞던 딸이 노모의 화투 놀이에 신경이 곤두선다.

 궁리 끝에 딸은 은행 창구에서 천원 권 지폐로 수십 장을 바꿨다. 집안 곳곳에 숨어있는 이순신장군과 다보탑 동전도 샅샅이 뒤졌다. 천원 권은 단단한 지갑에, 동전은 헝겊 지갑에 모아 담으니 가방의 무게가 작은 돌덩이다. 수산댁이 몇 년을 화투놀이에 빠져도 끄떡없을 양이지 싶다. 가방의 무게와 달리 딸의 마음은 잠자리 날개마냥 가벼이 하늘을 나른다.

땅이 축축하게 젖은 주말 수산댁이 놀고 있는 시골 마을을 찾았다. 까만 기와집 마루에 뽀글파마 할머니들이 옹기종기 모여 있다. 영화 <수상한 그녀>에서 주인공 오두리가 '브로컬리 다발이 소복소복'이라고 말한 영화 속의 그 장면이다. 한쪽에서는 화투판이 벌어지고 다른 쪽에선 삶은 감자를 가운데 두고 이야기꽃이 피었다. 멀리서 찾아온 딸의 등장에도 태연한 그녀, 오른손을 펴서 흔들 뿐 바로 화투놀이로 빠진다. 분위기로 봐서 수산댁이 수세에 몰린 듯하다. 앞자락에 구릿빛 동전자리가 휑하니 비어있으니 말이다. 그만 끝내고 집으로 가자고 손을 끌어도 먹히질 않는다. 이럴 땐 응원가를 부르며 힘을 보태야 하느니라. '수산댁 잘해라, 풍년댁도 잘해라' 부산 아지매의 훈수로 화덕에 불 피운 듯 더욱 열기가 오른다.

'화투花鬪' 참 예쁜 말이다. 꽃을 가지고 벌이는 싸움이 아닌가. 꽃 그림을 누가 많이 가지는지 경쟁을 하며 승부를 가리는 게임이다. 계산도 필요하니 두뇌 회전이 빠르면 좋다. 이기고 지는 것도 마음먹은 대로 되질 않는다. 운도 따라야 할 터다. 내 손에 들어온 꽃만 들여다보면 낭패를 볼 수 있다. 두루두루 살피며 상대방의 마음도 읽어야 하리. 이렇듯 화투놀이가 세상살이와 닮았다. 산전수전을 다 겪은 시골 노인들이 모여 새로운 인생 공부가 한창이다.

오늘은 유난히 화투가 안 된다는 수산댁, 툭툭한 동전을 내놓자 입꼬리가 귀에 걸린다. 준비해온 동전이 보물이 되었다. 밑천을 두둑하게 깔아야 기선을 잡는다는 수산 댁의 흥이 화투판을 흔든다. '금방 콩고물 떨어질 기다'라고 어르신들 한마디씩 보탠다. 그들의 얼굴이 울타리에 피어오른 능소화처럼 환하다.

노모와 손잡고 산 밑에 자리 잡은 작은 집으로 들어선다. 고요가 들어앉은 빈 방은 휑한데 일곱 남매의 결혼사진이 주인을 기다린다. 액자 속 자식들이 모두 수산댁을 쳐다본다. 아침저녁 밥 한술 삼키고 자식들을 둘러보며 반찬 삼는단다. 일곱 빛깔 무지개가 빛을 비춰주니 힘을 얻는다는 그녀의 말이다. 그렇게 스스로 사는 방법을 만들어가고 있다.

셋째 딸과 세상 이야기 나누는 사이 전화벨이 울린다. 옆 동네로 귀농한 홍씨 아저씨다. 내일 땅콩밭을 다독여 달라고 한다. 더운 날에는 맞바람 치는 마루에 누워 낮잠을 벌겠다더니 어느새 '오케이'라며 만면에 푸른 정기가 맴돈다. 그녀의 굽은 지팡이에도 초록 물이 오른다. (2022. 7. 30)

초록지붕

　초록의 향연이다. 먼 산도 가까운 언덕도 온통 푸르다. 쭉쭉 뻗은 메타세콰이아 길로 들어선다. 줄을 맞추어 늘어선 나무의 작은 잎이 양쪽에서 만나 초록 터널을 만들었다. 터널은 그늘이며 걷는 이들을 보듬어 주는 초록지붕 같다. 싱그러운 여름 숲을 걸으면서 바라는 소망을 이루라는 뜻일까. 이 길은 낙동강을 끼고 있는 화명생태공원의 '희망의 숲'이라 불리는 곳이다.

　짙은 그늘을 내어주는 희망의 숲에 사람들이 모여든다. 어른은 물론이고 어린이, 유모차를 밀고 오는 할머니도 볼 수 있다. 꼬리를 쫑긋 세우고 먹이를 구하는 산까치, 참새, 산책을 하는 강아지까지 같은 지붕 아래 익숙한 가족 같다. 길섶에는 산수국과 갖은 풀꽃이 한 아름씩 피어난다. 초록지붕은 남녀노소, 동식물을 가리지 않고 모두를 품어준다.

나무 그늘은 눈부시지 않고 어둡지도 않다. 뜨거운 햇살은 가려 주고 비바람은 먼저 맞아 준다. 여운과 깊이, 여유와 멋을 더불어 느낄 수 있다. 그늘 아래 서면 시간도 잊고, 일도 잊고, 잠시 갈 곳도 잊는다. 바람에 흔들리는 나뭇잎처럼 몸도 마음도 자유롭다. 나무는 자신을 위해 그늘을 만들지 않았다. 생물들의 보금자리가 되어 주었고, 우리도 듬직한 그늘 아래에서 성장하였다.

어릴 적 살던 시골집이 초록지붕이다. 초가집이었던 지붕은 새마을 운동이 한창일 때 초록색 슬래브지붕으로 옷을 갈아입었다. 덕분에 볏짚으로 지붕을 이던 번거로운 연중행사는 없어졌다. 외딴집처럼 마을의 제일 꼭대기에서 초록지붕은 아홉 식구의 대가족을 품어주는 보금자리였다. 여름에는 숲과 함께 더욱 무성해 보였고 겨울에는 마른가지와 어울려 한 폭의 풍경화였다. 유독 초록색을 좋아하고 동경하는 이유가 초록지붕 속의 추억 때문인지도 모른다.

대문이 없었던 집이다. 멀리 밭일을 나가는 사람들은 우리 집에 들러서 목을 축인다. 등 너머 마을 사람들은 5일 장을 보고 오는 길에 잠시 쉬는 쉼터였다. 마루에 걸터앉아 시장 보따리를 풀어가며 이야기 보따리도 풀어낸다. 누런 종이봉투 안에 비린내 나는 간 고등어와 하얀 고무신도 이야기거리다. 고등어 구워서 몸보신하고 막내 아들 검정 고무신 대신 백 고무신 신겨서 출세시킨단다. 헤어질 때는 설탕가루 잔뜩 묻힌 박하사탕이나 강냉이 박상을 마루에 내려놓고 길을 나선다. 다음 장날에 또 쉬러 오겠다는 달콤하고도 향긋한 약속이었지 싶다. 그 달달함은 다음 장날을 기다리는 맛이었다.

앞을 못 보는 '참봉 할아버지'는 지팡이를 콕콕 짚기만 해도 용하게 초록지붕을 잘 찾는다고 했다. 보이지 않는 눈 대신에 촉감으로 먼 미래를 짚어주기도 한다. 손바닥을 내밀면 손금을 꼭꼭 눌러가며 어느 집 가문 몇째 손인지 금방 알아맞힌다. 장래에 큰 그릇이 될 거라고 굽은 손가락을 치켜들기도 했다. 손금을 빌려 자라나는 아이들에게 큰 힘을 실어준 셈이다. 다가올 날을 기대하며 현재에 최선을 다하라는 속 깊은 어른의 몸동작이었다.

아랫마을에 점이 엄마도 초록지붕을 자주 드나든 사람이다. 점이는 딸만 다섯인 집에 맏이로 태어나 초등학교를 졸업하고 서울로 갔다. 어린 자식들을 두고 세상을 떠난 아버지의 자리를 대신하느라 그곳을 택했으리라. 가발을 만드는 공장에서 밤낮없이 일을 한다는 소식을 들었다. 점이 엄마가 바삐 우리 집을 찾는 날은 이유가 있다. 맏딸의 소식을 손에 들고도 읽지를 못하니 얼마나 답답하겠는가. 한글 해독이 안 되는 그녀는 부끄러움은 묻어두고 어머니를 부여잡고 앉는다. 부엌이면 어떻고 장독대면 어떠랴. 보물인 양 속주머니에서 꼬깃꼬깃 접힌 편지를 내민다. 깨알같이 써 내려간 맏딸의 사연을 점이가 말을 하듯 어머니는 가슴으로 읽어낸다.

 딸은 잘 있으니 걱정 말고 동생들과 끼니를 제때 잘 챙겨 먹으라는 내용이다. 언제나 비슷한 내용이지만 읽을 때마다 그녀는 눈물을 펑펑 쏟아낸다. 어머니 목젖의 떨림도 한참 동안 이어진다. 어린 딸이 가족의 끼니와 동생들의 장래를 걱정해야 하는 현실에 그녀의 눈물은 마르질 않았을 터다. 편지를 들고 오가던 점이 엄마가 어느 날부터 나타나지 않았다. 딸에게서 오는 편지가 끊긴 줄 알았다. 아무도 모르게 어머니는 그녀에게 한글을 가르쳐 준 모양이다. 글을 몰라 답답해하던 그녀를 지붕처럼 덮어주고 아픔을 만져 주었다. 점이 엄마는 초록지붕 아래서 눈이 밝아지고 마음도 더 커졌을까. 아이들을 데리고 더 넓은 세상, 점이가 있는 서울로 떠났다.

초록 슬래브지붕을 떠 올리면 고만고만하게 자란 일곱 남매의 성장기도 따라온다. 종일 골목을 누비며 놀다가도 밤이면 옹기종기 모여들던 초록지붕. 나의 이야기와 너의 이야기, 이웃의 이야기가 짙어지는 공간이었다. 사람으로서 아름다운 사람이 되려면 반드시 사람 사이에 살고, 사람 사이에서 울고 웃고 부대껴야 한다는 이양하 선생님의 '신록예찬'의 글처럼, 함께 울고 함께 웃는 '발고여락拔苦與樂'은 초록지붕 아래서 그렇게 피어났다. 설렘과 두근거림, 토닥임이 그리움으로 피어나는 유년의 지붕이었다.

지인 중에 지붕처럼 편안하게 마음을 덮어주는 이가 있다. 동료들 사이에 갈등이 송곳처럼 튀어나올 때도 달래고 품어준다. 어느 색과도 어울리는 초록색의 지붕으로 작은 것에서 큰일까지 수습하는 그녀의 너른 품은 초록 지붕이다. 그녀처럼 마음속에 초록 지붕 하나씩 지으면 모난 세상 둥글어질 터.

초록 숲길에 바람이 인다. 무성한 잎 사이로 내린 바람이 살갗을 간지럽힌다. 햇살은 나무 틈새를 비집고 마음까지 파고 들어온다. 햇살이 강할수록 그늘이 더욱 짙어지듯, 웅숭깊은 사람의 길도 숲길에서 더욱 성숙되리라. 오래된 슬래브지붕은 사라졌지만 내 안에 초록지붕은 푸르게 남아있다. (2021. 6. 10)

따로 또 함께

두 사람이 살고 있다. 자정이 넘도록 같은 공간에서 무언가에 열중이다. 둘은 각자의 책상에 앉아 본인의 노트북 속으로 빠져들어 네모난 세상을 헤집는다. 가끔 곁눈질을 하면서 경계선을 넘기도 한다.

한 사람은 공직에서 정년을 마친 육십 대 중반의 남자이다. 또 한 사람은 남자보다 한 살 어린 그의 아내이다. 성년이 된 아들 둘은 자립해 집을 떠났다. 눈 뜨면 문밖 생활이었던 남자, 집에서 보내는 시간이 많다. 스물네 시간을 온전히 자신을 위해 쓰겠다며 신이 났다. 오랫동안 일선에서 바쁘게 살았으니 집에서 편히 쉬는 게 맞다. 수고했다고 환영하면서도 여자 마음이 복잡해진다.

종일 얼굴을 맞대며 살아야 하지 않는가. 홀로 사는 여자의 언니는 다시 신혼이 왔다고 알 수 없는 부러움을 보태지만 당치않다. 까다로운 입맛에 맞추어 하루 세 번 상을 차리는 일로 자유로웠던 여자의 일상이 보장될지, 두고 봐야 할 일이다.

여자는 친구의 남편이 예순을 넘긴 나이에도 외국에서 현역으로 뛰고 있다는 걸 안다. 가끔씩 입국해서 보름 정도 머물다가 훌쩍 떠난다는 것도. 나이가 들어가니 사람이 오는 것보다 현금이 올 때가 반갑다고 너스레를 떠는 친구. 삼대에 걸쳐 공적을 쌓아야 오는 복이라고 말하는 친구가 얄밉기도 하고 부러울 때도 있다. 그야말로 자유부인이 아닌가. 여자의 남편은 공직 생활 중 며칠간의 출장 외에는 결혼 이후 집을 떠난 적이 없다.

은퇴한 남자는 정장을 입지 않는다. 덕분에 여자는 하얀 와이셔츠를 손빨래하고 다림질하는 일에서 해방되었다. 이틀에 한 번씩 와이셔츠를 바꾸어 주고 수시로 양복을 세탁소에 맡겨가며 옷

수발을 들었던 여자다. 바쁜 하루를 벗어놓은 남자의 옷 냄새에서 세상의 번잡한 때와 밥벌이의 숭고함도 읽었다. 여자도 직장에서 일을 하였기에 그 땀의 가치를 알고 있는 터. 빨래를 감당하는 일은 힘겨웠지만 여자가 할 수 있는 즐거움이라 여겼다. 하루를 깨끗하고 산뜻하게 시작할 수 있기 때문이다.

이제 남자는 편한 옷을 수시로 사다 나른다. 딱딱한 공직의 옷을 벗어 버리고 청바지, 티셔츠, 점퍼로 변신을 시도한다. 자신을 위해서는 한 푼도 아까워하던 짠돌이였기에 여자는 놀란다. 직장에 다닐 때는 여자가 구입한 옷을 군말 없이 입던 사람이다. 머리 스타일도 바뀌었다. 남자의 향기가 좋다고 남성 전용 이발소를 찾던 남자가 미용실을 애용한다. 멋내기 염색으로 머리 색을 바꾸고 파마까지 하는 게 아닌가. 여자보다 미용실을 더 자주 찾는다. 마치 갇혀있던 아이가 울타리 밖으로 튀어나와 낯선 길을 찾아 나서는 모양새다.

여자는 단발머리로 남자보다 미용실 가는 횟수가 적다. 머리숱이 많아 파마를 하면 사자머리가 되니 미용실에서도 반가운 손님이 아니다. 파마를 언제 해 보았는지 기억이 가물하다. 곧은 머리카락이 목뒤 옷깃을 스칠 때가 되면 자르는 수준이다. 외출 할 때에는 되도록 반듯한 정장 스타일을 택한다. 이렇게 남자와 여자는 서로 자리 이동을 하고 있다.

 이 남자가 겉만 변한 게 아니다. 오전에는 인터넷으로 외국어 공부를 하고 오후에는 스포츠 생활에 빠져 집을 나간다. 마음과 몸을 단련하며 새로운 시작을 준비하는지도 모른다. 남자의 행동에 비장함도 살짝 비치니 말이다. 종일 집에 있을까봐 걱정이 앞섰던 여자, 한시름 놓아도 되겠다. '은퇴남편증후군'이란 신조어에서 비켜 갈 거란 예감이 인다.

 소파가 쉼터이고 TV 리모컨이 놀이감인 남자. 무엇이든 같이 하자고 평등을 말하면 따지는 여자로 만드는 남자였다. 그러나 여자는 그 남자를 삼십 년 이상 연구한 사람이 아닌가. 어르고 달래고, 길들이기를 뛰어넘어 남자를 다시 보듬기로 한다.

 여자는 어릴 적 시골에서 돼지를 키운 적이 있다. 돼지를 길들일 때 막대기를 휘두를수록 목 따는 소리를 내 지르며 우리를 뛰쳐나온다. 부드러운 솔가지로 등을 긁어주면 네 다리를 이완시키며 제자리를 찾아 눕는다. 말 못하는 가축도 살살 달래야 하는데 하물며 사람은 어떠하랴. 부부사이에도 전략이 필요하지 않겠는가.

 아이를 키우듯 여자는 때때로 엄마 모드로 변한다. 무엇이든 적극적인 행동이 보이면 적시에 칭찬을 날린다. 재활용 정리, 집 안 청소는 이웃집 남자보다 깔끔하게 한다고 치켜세운다. 칭찬과 격려의 약을 먹은 남자, 가정 일에 발을 담그더니 급기야 설거지까지 자처하는 게 아닌가. 서툰 손놀림으로 식기를 세척하다가 깨트리기도 한다. 여자는 '됐고 내가 하겠다'는 말이 목젖을 건드려도 힘든 침을 삼킨다. 인내가 쉬운 일이 아니라는 걸 여자는 재복습하기에 이른다. 오래된 두 바퀴, 한쪽만 고쳤다고 잘 굴러 가지 않을 터이다. 마주보는 바퀴도 손을 봐야 하리라. 나의 바퀴는 온전했는지.

 『백년을 살아보니』의 저자 김형석교수는 인생의 황금기는 예순부터라고 했다. 은퇴 후의 삶이 끝이 아니라는 말일 게다. 남은 생은 해야만 하는 일에서 벗어나, 하고 싶은 일을 하는 최적기가 아닐까. 두 사람은 등을 보기도, 마주 보기도 하며 따로 또 함께 오늘을 산다. (2022. 07)

운다는 것

　자주 눈물을 흘린다. 물리적인 병이 아닌 마음 주머니의 짠물이 밖으로 흐르는 일이다. 코로나 병동에서 방호복으로 무장하고 환자를 돌보는 간호사를 볼 때, 결혼식장에서 아버지 손을 잡은 순백의 신부가 발걸음을 옮길 때, 해지기 전 낙동강 하늘이 붉은 그림을 그려낼 때 눈동자가 흐려진다.

　사람은 태어나는 순간부터 울음소리로 자신의 존재를 알린다. 한 사람의 생을 여는 고고한 몸짓이자 눈물인 셈이다. 성인이 되어도 때때로 찾아오는 눈물은 언제나 원초적인 감정을 감당한다.

내면의 진실을 담고 있는 눈물, 소리 내어 울면 마음의 찌꺼기가 배출되어 후련해지기도 하리라.

　첫째 아이가 태어나고 한 달 정도 되었을 때다. 알 수 없는 아기의 울음에 나도 같이 목 놓아 운 적이 있다. 칭얼칭얼 보채는 게 아니라 바늘에 찔린 듯 온몸을 떨면서 얼굴이 검붉어지기까지 하지 않는가. 혹시 옷 속에 이물질이 들었는지 옷을 벗겨 온몸을 만지고 옷을 털어도 이상은 없었다. 기저귀를 갈아보고 체온을 재어 열을 확인해도 정상이다. 젖도 양껏 먹었기에 더 이상 빨지를 않는다. 아기의 울음을 제공하는 욕구나 배설에는 아무런 문제가 없다. 초보 엄마의 인내심을 시험하려는 듯이 아기는 악을 쓰고 울고, 철없는 엄마는 어쩔 줄 몰라 아기 따라 울었다.

　아기와 엄마의 울음소리가 섞여 괴상한 곡 소리로 번져 동네가 시끄러웠던 모양이다. 옆집 할머니가 급히 들어오며 "무슨 일이고, 와이리 얼라를 울리노"하면서 거친 손으로 얼른 아기를 품 안에 안는다. 할머니의 등장에 서럽기도 하면서 안도감이 생겼다. 흔들어서 달래고 토닥인 엄마의 수고는 어디 가고 아기는 언제 울었느냐는 듯 하품을 몇 번 하더니 할머니 품에서 사르르 잠이 든다. 아마 울다 지친 것 같다. "얼라가 뭔 죄가 있나 서툰 어미 때문 마이 울었네" 하며 아기를 눕힌다. 할머니의 방문이 없었다면 나는 아기를 들쳐 업고 응급실 신세를 졌을 수도 있다. 잠투정을 심하게 하는 아기의 울음을 제대로 읽지 못했던 것이다. 아기보다 더 크게, 소리지르듯 토해내는 엄마의 울음에 불안이 가중되었을 수도 있다. 갈팡질팡 무지한 엄마 때문에 아기가 고통을 겪은 셈이다. 큰 산을 넘었다고 가슴을 쓸어내렸다. 처음 엄마가 되어 가는 길에 여러 곳에 암초가 있을 법하다. 살아내기 위해 쏟아낸 아기 울음이 한 사람을 엄마라는 울타리로 성장시키는 밑거름이 된 사건이었다.

 울음은 때로 뜻하지 않는 일도 만들어 낸다. 대전에 사는 조카는 공기업의 직원이다. 어느 날 아들 목소리로 교통사고가 났다는 전화가 언니에게 걸려왔다. 급하게 울부짖으며 병원 응급실로 빨리 오라는 전화를 받았던 것이다. 언니는 갑자기 실어증 환자처럼 말이 나오지 않더라고 한다. 어떤 자세로 어떤 행동을 해야 할지 순간 자신을 잊어버린 상태였지 싶다. 누구나 어렵고 급할 때일수록 지혜롭게 대처해야 한다는 것쯤 평소에는 알고 있을 터다. '호랑이 굴에 잡혀가도 정신만 차리면 산다'라는 속담도 있듯이. 막상 본인에게 사고가 닥치니 침착이 어디로 도망갔는지 냉정은 어디에 숨었는지 생각이 막히더라는 거다. 전화기를 들고

"우리아들, 우리아들 어쩐디야"를 되풀이하며 통곡을 했단다. '여보세요, 여보세요' 수화기에서 흘러나오는 다급한 소리는 무시를 하고서 말이다. 한참을 울다보니 상대방 소리가 들리지 않아 더 큰 일이 벌어졌다. 정신을 차리고 아들에게 전화를 하니 받지를 않는 거다. 큰 사고가 났으니 못 받는 것은 당연한 일. 사무실에 아들 사고 소식을 전했다. 사무실 동료는 아들이 잠깐 화장실을 갔는데 무슨 일이냐고 오히려 더 놀라더라는 것이다. 그제야 알아차렸다나, 보이스피싱에 걸려든 것이라고. 교묘하게 아들 목소리를 빌려 범죄를 저지르려고 한 수법이다. 누구나 걸려들 법한 끔찍한 일이 아닌가. 벌렁거리는 가슴을 누르며 억울하게 흘린 눈물이 아까워서 허탈에 빠졌다고 한다. 고래고래 소리 지른 울음은 아들과 어머니를 살려낸 고마운 울음이요, 범죄자들에겐 재수 없는 울음임에 틀림없다. 지혜롭지 못한 감정이 큰 화를 면하게 해주어 두고두고 회자 되는 울음이 되었다.

이렇듯 살다보면 울 일이 많다. 슬프고 원통하고 때론 기뻐서 눈물을 흘리게 된다. 펑펑 소리 내어 울던 시기가 지나서인지, 스스로 참아 낼 때도 있다. 친정아버지가 돌아가셨을 때 속울음으로 마지막 배웅을 했었다. 신체의 고통을 감내하며 생명줄을 이어가는 모습에 눈물은 샘물이 되었다가 다시 마른 웅덩이로 파였기 때문이다. 떠나는 분을 편하게 보내야 하지만 같은 공간에서 다시 만날 수 없다는 현실을 생각하면 속울음이 목울대를 힘들게도 한다.

건강상으로 예고된 사별이 있지만, 갑작스런 사고로 남편을 잃은 지인을 생각하면 울컥해진다. 손을 맞잡고 살아온 시간을 어떻게 메울까. 상실의 고통을 어떻게 감내할지. 그녀의 슬픔과 아픔의 눈물은 쉬 가라앉지 않는다. 울음이, 눈물이 '그녀의 아픔을 만져 주는 약이 되었으면' 하는 바람이다.

울 수 있다는 것은 다행한 일이다. 영국의 문호 세익스피어는 '눈물은 성수聖水다'라고 하지 않았는가. 답답하고 슬플 때 실컷 울고 나면 후련하다. 울고 나면 고통과 슬픔이 많이 삭아지기 때문이리라. 다시 일어서기 위한 서곡으로 받으면 위로가 되지 않을까.

삶은 봄날만 있는 게 아닐 터다. 꽃도 피었다 지고 열매도 달렸다 떨어지는 것이 삶일 진데 살아갈수록 아름다운 일에 기쁨의 눈물을 흘리는 날들이면 좋겠다. (2021. 9.10)

햇살 냄새

  햇볕이 쨍쨍하다. 베란다로 들어온 햇살을 그냥 보내기가 아쉬워 서둘러 세탁기를 돌린다. 유리창을 활짝 열고 탁탁 턴 빨래를 널 때면 기분이 상쾌하다. 창을 타고 바람도 따라와서 빨래를 흔든다. 햇살, 바람, 빨래, 셋이 만나 수다를 떠는가 싶더니 물기를 머금던 빨래는 가볍게 말라간다. 바삭한 빨래에 묻은 햇살 냄새는 어릴 적 시골집 마당으로 나를 데려간다.

  언덕바지 감나무에서 마당을 가로질러 장독대 기둥까지, 까실한 빨랫줄이 걸려 있었다. 슬래브 지붕 위로 솟아오른 태양은 마당으로 내려와 얇은 햇살을 빨랫줄에 조심스레 얹는다. 바지랑대 두 개가 빨랫줄 중간 즈음에서 사이좋게 무게를 나눈다. 햇살이 투명한 날에 어머니는 하얀 옥양목 이불 속청을 빨랫줄에 네모반듯하게 널어놓곤 했다. 바람이 흔들어 놓은 햇살에 옥양목 천은 하얀빛을 내며 펄럭였다. 옥양목 사이로 살갗을 갖다 대면, 하얀 햇살 가루가 내 몸에 달라붙었다. 가슴을 떨리게 하는 깨끗한 냄새는 아이에게 빨래를 해보라고 충동질한다.

 땀에 젖은 수건이나 벗어놓은 양말짝을 보면 세숫대야에 담아 냇가로 갔다. 납작한 바윗돌에 쪼그리고 앉아 수건을 적셔 비누칠하고 조물조물 치댄다. 골고루 때가 빠지도록 앞뒤로 엎어가면서 나무 방망이로 팡팡 두드린다. 맑은 물이 나올 때까지 흔들어 빨기를 반복하며 빨래하는 재미에 푹 빠진다. 어릴 때 빨래는 힘든 일거리가 아니라 놀이였다.

 빨래터에는 어른도 있고 아이도 있다. 만남의 광장이고 소문의 진원지이기도 하다. 어른들의 이야기는 알 듯 모를 듯 귀가 즐겁다. 끝순이 언니는 서울로, 명자 언니는 과수원 댁으로 시집간다는 이야기에 덩달아 입꼬리가 올라간다. 곧 마을에 잔치가 있다는 소식이기 때문이다. 잔치는 아이들에게도 재미있는 볼거리요,

먹거리가 풍성해서 기다려지는 마을의 행사가 아닌가. 때로는 흉허물도 풀어 놓으며 방망이로 빨래를 매질하듯 펑펑 때린다. 방망이 소리에 마음속 찌든 때도 놀라 부서질 성싶다. 빨래터 사람들은 빨래를 헹구듯 마음도 헹구면서 삶의 고달픔을 흐르는 물에 떠내려 보내며 위로를 받았으리라.

빨래를 마친 어른들은 바삐 집으로 향하고 아이들은 빨래터를 놀이터로 삼는다. 땟물을 뺀 수건과 옷가지들을 바위에 널어놓고 물놀이를 즐긴다. 물놀이에 지치면 바위틈에서 긁어낸 돌 봉숭아를 손톱에 올려놓고 바위에 엎드려 잠들 때도 있다. 태양열을 받은 따뜻한 바위에 배를 깔고 꿈나라를 헤매다가 소스라치게 놀란다. 바윗돌 위에서 잠을 자면 입이 돌아간다는 이야기를 들은 적이 있어서다. 입을 양쪽으로 당겨보고 입술을 쓰다듬어 확인하는 촌극도 벌어진다. 다홍색으로 물들다 만 손톱을 정리하고 널어놓은 빨래를 걷는다. 바싹 마르기를 기대했던 빨래는 반쯤 젖은 몸이다. 코끝을 갖다 대고 손끝으로 쓸어 봐도 옥양목에서 맡던 하얀 그 냄새는 찾을 수 없다. 햇볕이 놀다간 흔적은 있는데…. 어머니의 빨래 비법은 알지 못한 채 햇살 냄새는 마음속에 걸어둔다.

아이 둘을 키울 때는 마른 빨래에서 묻어나는 햇살의 온기를 잊고 살았다. 쫓기듯 일을 하고 집으로 오면 미안함으로 아이를 돌보고 내일의 걱정에 억지 잠을 청하기도 했다. 늘 숨이 차고 허덕이는 시간 속에 빨래는 대충 빨랫줄에 걸쳐진다. 정성이 들어가지 않은 의무감의 무늬가 곳곳에 그림자로 채워지는 것이다. 매일 벗어내는 네 식구의 흔적은 눅눅한 세탁기 안에 쌓여있다. 놀이 삼아 했던 빨래의 즐거움은 하얗게 지워졌다.

바쁜 하루를 벗어놓은 가장의 옷 냄새에는 세상의 번잡한 때와 밥벌이의 숭고함이 뭉글뭉글 배어있다. 첫돌 지난 아이의 옷에는 엄마를 찾다 지친 시큼한 분유 냄새가, 놀이터 흙으로 범벅이 된 개구쟁이 큰아이의 옷도 엄마 손길을 기다린다. '도솔미솔' 음악학원의 멜로디가 묻어있는 옷은 지친 모습으로 늘어져 있다.

아이가 잠든 시간, 세탁기에 가루약 두 숟갈 넣는다. 옷감을 부드럽게 하고 향기를 품어준다는 물약도 반 컵 붓는다. 버튼을 누르고 시간을 맞춘다. 시간을 아껴 주고 노동을 나누어 주는 고마운 기계 옆에 섰다. '덜컹덜컹 쏴아쏴' 물줄기가 세차게 내리치자 통 안은 혼란스럽다. 약에 취한 옷들이 비틀거린다. 비틀거림이 이어지더니 갑자기 태풍이 휘몰아친다. 가루약이 옷감 깊숙이 파고들어 물거품으로 몸부림치면 물세례로 뒷수습이 된다. 옷가지 몸통이 깨끗해질 때까지 물세례는 반복이다. 둥근 돌기에 현란하게 부딪힌 빨래는 기절한 듯 엉겨 붙었다. 하루의 오염을 씻어내고 새로 태어난 옷가지를 하나씩 분리해서 툭툭 턴다. 희미한 베란다 불빛 아래 네 가족을 빨랫줄에 눕힌다. 가로세로 손과 발을 맞대며 모두 밤바람을 맞는다.

바람을 타고 날아오는 빨래 향기를 맡으며 나를 돌아본다. 두 아이가 태어나 자라면서 옹알이를 하고, 뒤집고, 첫발을 뗄 때, 달달한 기쁨도 있었다. 바쁜 일상 속에서도 아이들 덕에 내가 살아가고 있다는 생각이 꿈틀한다. 축 늘어져 있던 나를 삶의 현장으로 밀어주었던 주인공들이다. 꿀잠 속에 빠져든 아이의 접힌 팔다리를 바르게 편다. 아이가 쑥쑥 자라는 만큼 엄마의 마음도 성장하는가 보다. 깊은 밤에 안도의 숨을 고른다.

아이 둘은 성인으로 훌쩍 커서 자신의 일을 찾아 떠났다. 쌓인 빨래를 보며 방망이로 펑펑 두드려 흐르는 물에 내일의 불안을 씻어내고 싶을 때가 얼마나 많았던가. 어떤 노래의 가사처럼 눈 잠시 붙였다가 뜨니 예순이다. 분주했던 시간도 젖었던 빨래도 햇살 아래 가볍다. (2020. 3)

백일百日

　백일百日이란 글을 보고 있다. 예부터 백百이라는 숫자는 우리와 매우 친숙하다. 단군신화에서 곰이 사람이 되기 위해 마늘과 쑥을 먹으면서 인내한 기간이 백일이었고, 하늘을 감동시키기 위한 정성스런 기도의 시간도 백일을 채운다. 아기가 태어나서 백일이 되면 백일 상을 차리며 기념을 해준다. 100이란 숫자는 완전함, 충족함의 상징이기도 하다.

　이 세상에 태어났다며 큰 소리로 울던 아기, 사랑을 듬뿍 받고 울기만 하면 모든 게 해결된다. 아파도, 고파도, 잠이 와도 똥을 싸도 울면서 엄마를 부른다. 밤낮을 몰라 시도 때도 없이 울어서 초보 부모를 혼란스럽게도 한다. 그러다 백일이 지나 밤낮을 가리고 밤에 통잠을 자면 '백일의 기적'이 일어났다고 한숨 돌리지 않는가. 백일의 시간을 잘 견디며 살아온 아기에게 백일 상을 차려주는 이유라 여긴다. 그동안 엄마의 건강회복도 챙겨야 되는 기간이리라.

손자가 태어나 백일을 맞이했다. 태어날 때 쭈글했던 피부는 통통하게 살이 올라 한결 보기 좋다. 목을 가누고 장난감을 잡는 손에 힘이 가득하다. 음악 소리에 귀를 기울이고 '까꿍'하고 얼러주면 옹알대며 웃는다. 엄마 아빠의 냄새와 소리를 알아듣고 반응한다. 양쪽 주먹손 빨기와 발차기는 선수급이다. 백일 동안 아기는 엄청난 성장을 했다.

집에서 백일 상을 차리고 아기의 백일을 축하했다. 태어나서 첫 번째로 맞는 기념일이 아닌가. 아기의 건강과 앞날을 축복하며 먼저 두 손을 모은다. 가족만 모여서 조촐하게 기념사진을 찍으며 아기를 주인공으로 만드는 자리다. 아기의 아빠인 우리 아들의 백일에는 이웃과 친지들을 불러서 음식을 대접했었다. 떠들썩하고 분주한 날이었다. 백일을 무탈하게 살아온 아기를 축하하고 산모가 일상생활로의 복귀를 기념하는 날인데 말이다. 아기 엄마는 음식을 준비하고 손님을 치르느라 녹초가 되고 아기는 여러 사람 손에서 불편했던 날이다. 어른 눈높이에 맞추어서 행사를 치르다 보니 당연한 일이었지 싶다.

지금은 모든 일정이 아이 중심으로 돌아간다. 아기가 기분이 좋을 때를 봐가면서 옷을 갈아입히고 사진도 찍는다. 아기가 웃으면 같이 웃고 울면 어르고 달래기에 전력을 다한다. 이전에 어른들은 아기는 울어도 괜찮다고 울려가며 키우라는 말씀을 하셨다. 목청이 좋아진다는 그럴듯한 논리를 앞세우면서. 농경시대의 바쁜 일손과, 아이들은 저절로 큰다는 어른들의 합리화가 한몫했으리라. 아기가 어렵게 잠을 들이면 덜거덕 설거지 소리도 멈추고 모두 숨 죽인다. 상전이 따로 없다. 요즘 아기들은 이렇게 곱고 귀하게 자라난다.

100집이 나누어 먹으면 아기가 무병장수와 부귀를 누린다는 설이 있어서일까. 백일에는 순수 정결함과 신성한 의미가 담겨 있다는 백설기를 만들어 이웃과 나누어 먹었다. 그 유례를 따를 모양인지 아들 부부는 백일 떡을 나누기로 머리를 맞대고 생각을 모은 듯하다. 코로나19 사태 속에 마스크로 얼굴을 가리고 낯선 이웃의 문을 두드리기는 무리였을 터이다. 며느리는 '○○○호 백일 떡입니다. 맛있게 드세요'라는 문구를 만들어서 이웃집 현관 문고리에 매달아 백일 떡을 나누었다. 아들은 회사 동료와 직원들에게 두루 돌려 100집 이상 백설기를 나눈 셈이다. 예나 지금이나 자식의 장래를 생각하는 마음은 달라지지 않은 것 같다. 자녀를 사랑하는 방법은 세월 따라 변해도 사랑의 깊이는 여느 때나 살갑다.

산책을 마치고 돌아오니 현관 문고리에 종이 가방이 걸려있다. '백일 떡 잘 먹었습니다. ○○○호 드림'이라고 쓰인 메모지도 붙었다. 왕래도 없는 이웃에서 떡을 받고 작은 성의를 보내온 것이다. 아기인형 한 쌍이 깨알처럼 빼곡하게 쓴 손편지를 안고 방긋 웃는다. 아이들 장난감을 사면서 이웃의 선물도 같이 챙겼다는 내용이다. 상대방에게 부담을 주지 않으면서 성의를 표현하는 아래층 젊은이의 예쁜 마음이 읽힌다. 문을 꼭 닫고 단단한 벽으로 둘러싼 아파트에서 비대면의 소통이 오고 가는 모습이다. 마음에 온기가 돈다. 백일 떡을 매개로 엘리베이터에서라도 만나면 서로 인사를 나누고 가까운 이웃으로 발전되길 바라는 마음이다. 물리적 벽을 허무는 데는 오랜 시간이 걸린다지만 마음의 문을 여는 데는 순간이었으면 좋겠다.

아이의 백일을 축하하던 일은 조선왕조에서도 예외가 아니었다. 정조실록에는 문효세자의 백일이 되자 정조가 고위 관직을 불러 음식을 하사 하였다는 기록이 남아있다. 자녀를 위하고 이웃을 생각하는 마음은 왕실이나 평민이나 한결 같았으리라.

백일은 동물들에게도 축하의 장이 되기도 했다. 1999년 서울대공원에서는 백호를 위한 백일 잔치가 열려 화재였다. 백호가 평소에 좋아하는 쇠고기 닭고기 등 좋아하는 음식을 동물원 정문 광장에 차려 잔치를 열었다고 한다. 동물이나 사람이나 100일이라는 숫자는 참 의미가 있는 것이다. 백일은 살아낸 날을 격려하고 앞으로 새로운 발걸음을 떼는 새 생명을 위해 정성을 다하는 것이니까.

시대는 달라도 마음은 다르지 않은 백일 풍경이다. 푸른 기운이 움트는 날 100일을 살아낸 아기, 앞으로 백 년을 살아가야 할 아기에게 축복의 기도를 올린다. (2021. 2. 14)

가족사진

　가족사진이 거실 벽면을 차지하고 있다. 어느 가정에서나 흔히 볼 수 있는 광경일 터다. 네모난 틀을 울타리로 삼아 끈끈한 가족애를 드러내기도 한다. 사진 속에 웃고 있는 표정들을 보면 로버트 브라우닝의 '행복한 가정은 미리 누리는 천국이다.'라는 말이 떠오른다. 가족사진은 가족의 사랑을 확인하는 데 톡톡한 역할을 하는 셈이다.

　가족사진 촬영, 때로는 우선순위에서 밀리기도 한다. 이번만큼은 꼭 찍어야 한다고 달력에 동그라미를 그리지만 몇 안 되는 가족 간에도 약속을 맞추기가 쉽지 않다. 그러다가 어떤 전환기를 맞을 때에는 의무감이 앞서 사진관을 찾는다. 결혼을 통해 새로운 식구를 맞이하거나 자녀가 군 복무로 집을 떠날 경우, 또 멀리 유학길에 오를 때를 기념해서 가족사진을 찍게 된다.

'세상에서 부모가 되는 일보다 더 중요한 직업은 없다.'라는 말처럼 직업의식으로 아이를 키웠다. 가족의 형성기와 성장기, 성숙기를 놓치지 않고 사진으로 담으며 부모 노릇에 골몰했다. 뒤돌아보니 제대로 챙겨주지 못한 사이 훌쩍 커버린 아이들에게 미안함도 인다.

큰아들이 결혼하여 아이 둘의 부모가 되었다. 둘째 아기가 첫돌이 되자 기념으로 대가족 사진을 찍는다고 한다. 경기도 외각에 자리잡은 ○○스튜디오는 이른 아침부터 분주하다.

예상도 못한 리마인드 웨딩까지 예약해 두었다. 회갑을 맞는 해에 웨딩 촬영을 한다는 이야기를 주변에서 들었지만 남의 일이라 여겼다. '예순이 넘었는데 쑥스러워 어쩌나' 하면서도 아들 부부의 권유를 따르기로 한다. 오래전 결혼식 할 때의 설렘은 어디 가고 왠지 재미있을 것 같은 호기심이 슬며시 인다. 세월의 주름이 부끄러움을 밀쳐 낸 것인가. 남편과 나의 역할이 완전히 바뀌었다. 신부화장 할 때 당당히 걸어와 일등 신부로 꾸며 달라고 꾸벅 절하던 남편이었다. 오늘은 신랑을 최고로 멋지게 변신시켜 달라고 사진관 도우미에게 팁까지 챙겨주었다. 세월의 강을 건넌 여자, 씩씩한 신부가 되었다.

신부의 말이 제대로 먹혔나 보다. 오랫동안 꾸민 신부보다 잠시 시간을 낸 신랑이 멋있다. 검은 턱시도를 입고 중후한 모습으로 나타난 사람에게 "우리 남편 멋있다"라고 엄지손가락을 치켜세웠다. 그의 얼굴이 환하게 피어오른다. 하얀 웨딩드레스를 입고 웃음꽃을 피우는 아내를 보기 민망한지 애써 표현을 삼간다. '말 안 해도 알겠제'로 읽으라는 표정이다. 표현을 하면 몇 배의 보상이 돌아갈 건데 묵직함으로 일관한다. 아내가 즐거우면 본인이 항상 기쁘다는 그 말은 유통기한이 없는가 보다.

사진사는 온갖 포즈를 요구한다. '팔짱을 껴라, 마주봐라, 꽃을 들어라, 놓아라, 잔을 들어라' 등 재미로 시작한 웨딩 촬영이 지루함에 이른다. 와중에도 항상 입꼬리를 올리며 미소를 지어야 한다. 사진사의 주문이기도 하지만 행복한 순간을 남겨야 하지 않겠는가. 다행히 어색한 웃음이 아니라 자연스러운 미소 덕분에 빨리 끝났다는 사진사의 말에 틀어진 어깨를 고추 세웠다.

　문정희 시인의 <남편>에 나오는 시구처럼 나에게 전쟁을 가장 많이 가르쳐 준 남자가 오래 만난 친구처럼 편안해졌다. 훗날 웨딩 사진을 보며 시간의 조각을 맞추어 보리라.

　대가족 사진은 신경이 많이 쓰이는 작업이다. 첫돌을 맞은 아기를 제자리에 앉혀서 포즈를 잡기는 힘들다. 걸음마에 재미가 붙어 뒤뚱거리며 안방처럼 쏘다닌다. 네 살짜리 누나도 그렇다. 할아버지 할머니의 낯선 의상에 놀라 쳐다보고 만져보고 호기심 발동이다. 온 가족이 아기들을 어르고 달래기에 몰입한다. "여러분들은 웃어주시면 됩니다. 아기는 제가 책임집니다. 저도 밥벌이를 해야죠" 하며 아기 전담 사진사가 한 말씀 거든다. 첫돌을 맞은 아기 덕분에 3대가 모여 폭소를 터뜨린다.

　최고의 행복한 순간을 남기기 위해 사진사는 카메라 샷을 백 번 이상을 누른다. 비눗방울을 날리고 아기상어 노래를 틀어주며 달래고 웃겨도 아기가 엉뚱한 곳을 보면 꽝이다. 장난감으로 유혹하고 겨우 자세를 잡아놓았는데 누군가 눈을 감으면 허사다. 손으로 하트를 만들어라 하는데 네모가 나오면 다시 찍어야 한다. 사진사가 시키는 대로 순종해야만 가족의 평화가 인화지 위에 새겨지리라. 사진을 찍는 과정에서 웃음꽃이 피어나고 서로를 바라보며 살가운 정이 추억으로 저장되는 순간이다. 마치 여행전 준비의 과정이 설렘과 즐거움으로 남는 것처럼.

가족이 행복했다는 물증을 애써 가족사진으로 남긴다. 가족사진은 슬픔이 앉아 있을 자리도 없다. 불만도 드러나지 않는다. 떼쓰는 자식도 없고, 자식들을 향한 어머니의 쟁쟁거리는 잔소리도 없다. 가족을 최대한 평화롭게 담아내는 게 가족사진의 임무다.

세월은 흘러가도 가족사진은 오늘의 모습 그대로다. 사진을 찍으면서 함께한 호흡들, 마주 보며 웃음 나누던 시간이 가족들의 마음속에 인화되어 사랑으로 이어지리라. (2021. 11. 5)

그 여자의 거울

 거울을 닦는다. 긴 겨울을 살아온 거실의 유리창도 씻어낸다. 집안의 희미한 분위기를 바꾸고 밝은 기운을 불어 넣고 싶어서다. 싱싱한 햇볕아래 봄바람 맞은 목련 꽃잎이 창가로 달려온다.

 시어머니가 오시는 날에는 언제나 거울을 닦았다. 세면대 거울부터 현관, 화장대 거울까지 정성을 다한다. 어머님이 집안 시찰을 오는 것도 아닌데. 여자는 거울을 보며 마음을 닦는 연습을 하는지도 모른다. 얼음 알처럼 닦아 나를 내보이리라. 내가 먼저 웃으니 거울 속에 여자도 따라 웃는다. 거울이 여자에게 웃는 훈련을 시키는 모양새다.

거울은 물거울에서 시작되었다. 그릇의 맑은 물이나 호수에 엎드려 얼굴을 비춰보던 것이 거울로 이어졌다. 그리스 신화에 최초의 물거울은 나르시스 신화에서 볼 수 있다. 나르시스는 물에 비친 자신을 너무 사랑한 나머지 그 속에 뛰어들어 죽고 만다. 물거울은 자기애를 의미하며 자살로 귀결되는 비극성을 품고 있다. 동화 <백설공주>에 나오는 공주의 새엄마가 거울과 대화하는 장면은 안타깝기 그지없다. 일곱 살 백설공주보다 자신이 더 예쁘기를 바라는 새엄마, 자기부정의 최후는 비극이었다.

세계에서 가장 아름다운 궁전 중 하나인 프랑스의 베르사유 궁전에는 거울의 방이 있다. 거대한 열일곱 개의 거울로 장식되어 있는데, 거울 방을 만든 목적은 이 방에 들어오는 사람마다 자신의 외모보다는 자신의 마음을 비춰보게 하기 위해서였다고 한다. 거울은 단순히 비추는 것으로만 그치지 않는다. 보이는 게 전부가 아니라는 뜻일 테다.

오늘은 아들 내외가 오는 날이다. 어머님 오시는 날보다 더 바쁘다. 거울을 닦고 거실 바닥까지 엎드려 문지른다. 허리를 펼 여가도 없이 땀을 흘린다. 현관 벽에 붙은 거울을 보고 소리 내어 웃는다. 헛웃음인지 진 웃음인지는 자신도 헷갈린다. 그 여자의 시계는 아직 철부지에 머물러 있는데 손녀를 기다리는 할머니가 되었으니 거울도 따라 웃었으리라. 쏜살같이 달려온 시간의 흔적에 쉬 익숙해지지 않는 모양이다. 그들을 손님처럼 귀하게 맞이하려고 애를 쓰면서도 한쪽에서 불쑥 시어미 행세가 튀어나오지 않을까 염려한다. 얼굴이 이력서라고 했던가. 귀한 이력서에 예쁜 무늬를 만들어 가며 남은 날을 긍정으로 살아야 될 터인데.

며느리에게 받은 혼수품 중에 애교 혼수품이 있다. 동그랗고 귀엽게 생긴 작은 손거울이다. 본인의 예쁜 모습만 봐달라면서 풋풋하게 설명을 보탰다. 작은 물건에 삼박한 의미를 붙여서 내민 손거울은 언제나 여자를 따라다닌다. 그 여자가 하는 몸짓 마음 짓이 며느리에게 거울이 될 게 아닌가. 며느리를 손님처럼 대하리라 마음을 다잡는다. 여자의 행동이 신중해야 할 터. 거울을 볼 때마다 며느리 얼굴이 스친다. 작은 손거울이 여자에게 내리사랑을 실천하라고 눈짓을 하는 듯하다.

큰 거울 앞에서 전신을 비춰본다. 거울 속 풍경에서 여자는 시간을 다시 돌린다. 어린 시절 술래잡기, 고무줄놀이, 학창시절의 아름답고 화려한 추억, 가슴 설레던 첫사랑, 가정을 꾸리고 자신을 만들어낸 날들이 잔잔하게 밀려온다. 돌아보면 굽은 골목길도 만나고 평지도 걸어오며 태풍이 몰아칠 때도 있었다. 그 사연들이 모이고 고여서 깊고 얕은 골 주름이 생겼다. 인생의 계급장이라고 하는 주름에 꽃주름이라는 예쁜 이름을 만들어 주어야지. 거울 속의 여자에게 웃음을 보낸다. 그녀도 같이 웃는다. 이토록 여자를 따르는 친구가 또 있을까. 서로를 토닥인다.

여자는 눈을 감는다. '나이는 들었지만 낡지는 말자'라고 머릿속의 거울에게 말을 건다. 손에 든 거울, 벽에 붙은 거울도 한마디씩 거든다. 낡지 않으려면 부지런히 거울을 닦으라고, 마음을 닦으라고.

거울 속의 나는 과거의 나도 아니고 미래의 나 또한 아니다. 있는 그대로 지금의 나다. 나를 속일 수도, 수정할 수도, 꾸밀 수도 없다. 있는 그대로의 나로 '지금 여기'를 살아가련다. 어제를 토닥거리고 오늘을 살뜰하게, 내일을 반갑게 맞아야겠다. 거울 속의 여자, 싱긋 웃는다. (2020. 4.10)

닮아간다

"보내지 말라했는데 왜 보내고 그라노. 우리 집도 아니고 102동에 가서 찾아왔다 아이가. 전화가 와서 자전거 타고 가서 실어왔다." "어머니께 받아만 먹었는데 며느리가 담은 김장김치 맛이라도 보라고예" 예순의 며느리가 구순을 바라보는 시어머니께 김장김치를 택배로 보냈다. 직접 들고 찾아가서 며느리 손맛은 어떤지 조곤조곤 이야기 나누어야 할 터인데 말이다.

지구촌을 덮치고 있는 괴질, 코로나바이러스 때문에 가족 대면도 삼가라니 승용차에 실었던 김치통이 우체국으로 향했던 것이다. 보지도 않고 드나들었던 시댁의 아파트가 몇 동인지 헷갈려 착각을 하다니. 받는 사람 전화번호를 단단히 적었기에 김치가 주인을 찾아 다행이다. 전화를 해준 그분이 고맙다. 김장 택배를 받아둔 102동의 주인도 할머니이며 본인도 실수한 경험이 있어 서로 대화가 통했다고 한다. 어른을 심부름 시킨 미안함에 묵직했던 마음이 한결 가벼워진다. 노인회 회장으로서 그분을 회원으로 확보했다는 어머니의 늘품 소식도 휴대폰을 뚫고 나온다. 찬 공기를 안고 자전거 페달을 굴린 수고가 보상으로 온 것 같다며 웃음을 보탠다. 아파트 동을 잘못 기록했다고 며느리를 향했던 더부룩한 구석이 풀어졌다는 뜻이리라.

입동이 다가오면 어머님은 겨울 채비를 하셨다. 제일 먼저 하는 일이 김장 준비다. 시퍼렇게 살아있는 배추를 다듬어 소금물에 절인다. 밤새 숨이 죽은 배추를 씻고 물을 빼서 빨갛게 옷을 입히고는 며느리를 불렀다. 직장생활을 하던 나는 김치통에 빨간 김치를 담아오는 데에만 익숙해져 있었다. 어쩌다 배추 속에 양념을 버무리는 일은 거들기도 했다. 배추를 절이고 씻고 양념을 준비하는 과정이 힘든 일인지 알지만 내 몫이 아니라고 여겼다. 수고한 댓가를 비용으로 치루고 있다는 설익은 계산 때문인지도 모른다.

돌아보니 철없는 며느리의 마음은 살아있는 배추 이파리에 머물러 있었다. 어머님도 아들 넷을 키우면서 사소한 일은 혼자 처리하는 습관이 몸에 배었을까. 며느리에게 이것저것 시키지 않는다. 보이지 않는, 머리에 든 것을 가르치는 며느리인데 눈으로 보는 김장은 때가 되면 언제든지 할 수 있다는 게 어머님의 이론이었다. 김치 담그는 것을 배우라고 채근을 했다면 행동이 달라질 수도 있었지 싶다. 어머님의 손을 거친 음식은 김치뿐 아니라 어떤 반찬이라도 밥도둑이 된다. '맛있는 반찬은 어머님 손끝에서' 늘 이런 마음이었다. 당신의 손맛 앞에 언제나 작아지는 며느리이기도 하다. 엄지손가락을 치켜들고 '최고예요. 제가 먹을게요, 어머니 아들이 좋아해요'를 외치며 살았으니 그 말이 씨가 되어 손맛이 꽃으로 피어났는지 모를 일이다.

　수십 년 동안 받아먹다가 아들의 결혼으로 준비 없는 시어머니가 되었다. 김장철이 다가오니 덜컥 겁이 났다. 시어머니가 된 입장에 또 어머니께 손 벌릴 형편은 아니다. 며느리 앞에서 김장에 대한 말은 하지 않았다. 나의 시어머니는 며느리 앞에서 불가능이란 단어는 없었지 않던가. 김치를 안 담아본 것, 못하는 것이 자랑거리는 아니다. 세상에 태어나 육십 년을 살면서도 김장을 안 해봤다니 부끄러운 일이다.

김치가 맛을 내려면 배추가 몇 번을 죽어야 한다. 배추의 변신이요 운명이다. 배추밭에서 뽑힐 때 한 번 죽고, 통배추의 배가 절반으로 갈라지면서 두 번째 죽는다. 쪼개진 배추가 소금에 절여지면서 또 죽고 매운 고춧가루와 짠 젓갈에 버무려져 범벅이 되면서 또 죽는다. 마지막으로 김칫독에서 숙성이 되어야 제대로 된 김치 맛을 낸다. 죽을 때마다 변신을 하며 새로운 맛으로 태어난다. 죽어간 배추들에게 경배를 드려야 할 판이다. 배추가 김치로 변신하여 익어가는 과정에서 죽는 고통을 겪으며 새롭게 태어난다는 말이다. 사람도 변신이 필요하며 그 변신에는 고통이 따르리라. 고통을 겪으면서 숙성되고 익어가지 않을까.

김장을 못 받아먹을 형편이 되면 홈쇼핑이나 인터넷으로 쉽게 사먹으리라 마음먹었다. 며느리를 맞이하고 나니 생각이 달라진다. '나도 해보자'라는 마음이 굳은 근육을 스미고 일어난다. 김장은 의지만 가지고 당장 할 수 없다. 겨울 한 철 동안 온 식구가 먹을 양식이 아닌가. 종일 인터넷을 검색하며 김장 레시피를 묻고 또 물었다.

절임배추를 기다리며 육수에 고춧가루, 액젓, 마늘 생강 등으로 양념하고 갖은 야채를 넣어 버무린다. 절임배추가 도착해서 물을 빼고 양념 속을 넣는다. 말로는 쉽지만 간이 맞으려면 손맛과 양 조절의 노하우가 필요하다. 배추가 골고루 숨이 죽어야 하는데 줄기가 퍼덕하게 살아있어 양념을 받아들일 준비가 안 되었다. 소금물이 더 필요하다. 서로 잘 어우러지려면 시간이 필요하기에 소금물을 뿌리고 기다린다. 억지로 양념을 하면 풋내가 날 터다. 풋내를 삭히려고 애쓰는 나, 떨리는 손끝으로 정성과 사랑을 배춧잎 사이에 쓰다듬어 넣는다.

버무린 김치를 김치통에 담는다. 차곡차곡 김치통을 채우며 며느리한테 보낼 것, 어머님께 보낼 것을 먼저 담고 마지막에는 우리가족 차례다. 이럴 수가! 어머님의 모습이다. 시키는 대로가 아니라 보는 대로 배운다는 말은 어른이 되어도 유효하다. 당신 것부터 챙기지 않고 언제나 자식 먼저 챙기는 모습이 내 몸에 배었다. 김치통 앞에서도 내리사랑이다. 말로만 듣던 더블케어 세대의 할 일을 행동으로 옮겨보았다. 위로 어른을 섬기고 아래로 자식을 보살펴야하는 더블케어 말이다. 숙제를 마친 김장 초보의 가슴이 뿌듯하다.

모르는 전화번호가 뜬다. 택배 아저씨다. "그 아파트 130동 있습니까" "아닙니다. 103동입니다." 어머님의 착각으로 실수는 무

승부가 되었다. 이것까지 안 닮아도 되는데. 며느리가 보낸 김장김치를 받고 텃밭 감나무에 매달린 홍시와 겨울 푸성귀를 택배로 보내셨다. 또 빚이 생겼다. (2020. 12. 15)

줄, 끊어지다

염 여사는 가족을 불러 모았다. 숨을 거칠게 몰아쉬고 눈동자는 한 곳으로 고정되었다. 통통 부어오른 손등에 링거 줄이 그녀를 붙들고 있다.

바다와 산을 바라보는 호스피스 병동이다. 이곳에 몸을 맡긴 환자들은 삶의 시간이 얼마 남지 않은 사람들이다. 시어머니 염 여사도 이 병원으로 옮긴지 스무날이 지났다. 코로나로 인하여 면회는 금지되고 간병인의 도움으로 남은 시간을 살아왔다. 환자 상태는 전화로 확인할 수밖에 없다. 가족이라는 이음줄이 도심

속에 하나의 섬으로 떠 있었던 것이다.

 병실 벽을 짚어가며 나는 흔들리는 마음을 의지했다. 떨어진 낙엽처럼 몸을 풀어놓은 이 모습은 무언가? 그렇게 반듯하고 꼿꼿했던 어머님이 오므렸던 손을 내려놓았다. 온기와 냉기가 푸르스름하게 남은 그의 손에 내 손을 포개 얹었다. 잡은 손에 엷은 힘이 전해진다. 나의 체온을 보태서 그녀의 귓바퀴를 두드린다. 생의 마지막까지 남아있는 감각은 청각이라 하지 않던가. 둘째 며느리 왔노라고. 그동안 사랑해 주셔서 고맙다고. 고통 없는 하늘나라에서 편히 쉬시라고. 간병인에게 둘째 며느리 고생했다는 말을 전해 들었다고.

 '사랑합니다.'라는 떨리는 말을 흘리지 않고 귓속으로 담아 드렸다. 내 말이 끝나자 희미한 눈동자가 아래위로 움직이고 입꼬리가 실룩인다. 알아들었다는 신호일 게다. 눈물 한 방울이 그녀의 눈가에 맺힌다. 소리 내지도 울먹이지도 않는 마른 눈물이 내 몸을 덮는다. 건강했을 때, 자주 만날 때 사랑한다는 말을 왜 하지 못했을까. 의식이 가물해질 때에야 이렇게 진심이 나오는지. 시어머니의 강직함이 영원하리라 믿었기 때문인지도 모른다.

염 여사는 아들만 사형제를 키웠다. 어려운 살림에도 아들을 번듯하게 키워 며느리들에게 넘겼다며 언제나 의기양양했다. 홀로 사는 그녀에게 아들은 연인이고 친구이며 때로는 남편이기도 했다. 수시로 전화하여 당신의 안부를 전하고 자식들을 간섭하셨다. 그런 시어머니에게 며느리는 살가운 식구가 되려고 애를 썼다. 고부간이 애틋한 사이는 아니지만 남편의 어머니로서 존재가치가 산만큼 크지 않은가.

여든일곱 연세에도 자전거를 타고 거뜬하게 시장을 보고 교회를 다니던 염 여사. 노인회 회장으로 아파트 어르신들의 대소사를 챙겼다. 텃밭에 키우는 푸성귀로 자식들의 계절 밥상에 힘을 보탰다. 김치냉장고는 그녀의 보물단지처럼 언제나 배불러 있었다. 시댁에 가는 날이면 냉장고 앞에 앉혀 놓고 귀한 생선이나 약초 등을 내놓는다. 얼린 것, 싱싱한 것, 발효된 것을 차례로 내놓으면 정성과 함께 야릇한 권위도 얹혀 나온다. 요리솜씨가 '꽝'인 며느리를 반찬거리로 살짝 누르는 힘이다. 안으로 밖으로 타인을 챙기며 존재의 동력을 찾았으리라.

더위가 힘을 잃어가는 8월의 마지막 날이었다. 어머님 부름에 시댁을 다녀온 남편의 얼굴이 심상찮다. 어머님과 지방 소도시

병원을 찾았는데 큰 병원으로 가라는 소견서를 받았다는 것이다. 소변이 갈색으로 변한 것뿐인데 너무 황당하다고. 서울 병원에서는 엄청난 선고를 내렸다. 앞으로의 생이 몇 개월 밖에 남지 않았다고 한다. 염 여사는 건강을 일 순위에 두고 성실하게 검진을 받았었는데…. 췌장에 덩어리가 생겨 수술도 안 되는 상황이란다. 기가 막히니 울어야 할 자리에 헛웃음이 비집는다. 오히려 염 여사는 냉정하다. 항암치료 받지 않고 연명치료 거부한다고 오래전에 싸인해 두었단다.

병원에서는 해줄 것이 없으니 집에서 진통제를 먹으며 요양하라고 한다. 평일에는 요양보호사가 간호를 맡고 주말에는 우리 부부가 어머님 곁을 지켰다. 병을 알고 있으니 환자이지 아픈 사람 같지 않았다. 없는 요리 솜씨 꺼내어 금요일 저녁이면 전도 부치고 죽도 끓여서 어머님께로 달린다.

겉으로는 담담하지만 어머님 마음이 많이 약해진 것 같다. 주변을 정리하고 그날을 준비하는 모습에 마음이 무겁다. 낮에는 부끄러워 나가지 못하고 밤에 미용실을 다녀왔다니 말이다. 아픔이 잘못은 아니지만 미안하고, 곧 떠날 세상 앞에서도 여자의 빛깔은 지키고 싶었던 게다. 죽음을 당하는 것이 아니라 맞이하겠다는 어머님의 자세에 숙연해진다. 잡은 줄 길게 늘이고 싶었다.

집에서 요양하던 그녀에게 한계가 왔다. 더 이상 참지 못하는 진통에 그녀가 무너진다. 아픔 없이 자연으로 가는 문을 통과할 수 없을까. 입원과 퇴원을 반복한 끝에 호스피스 병동에서 눈을 감았다.

국화꽃으로 둘러싸인 어머님 영정 앞에 앉았다. 며느리는 말을 하고 어머님은 듣기만 하신다. 지그시 바라보기만 하는 시어머니, 얼마나 하고 싶은 말이 많을까. 딸 같은 며느리, 엄마 같은 시어머니를 서로 기대했기에 갈등도 있었다. 착한 며느리가 되려고 애쓰다가 자기주장을 펼치면 못된 며느리가 되기도 했다. 고부 사이의 줄도 팽팽하다가 느슨해지면서 이렇게 삭아지는 것을. 내게 남아있는 줄을 다독이며 보살펴야 하리.

함께 한 생은 고운 무늬로 남기겠다고 마주 앉은 어머님께 전한다. 안경 너머 눈웃음이 국화 향으로 퍼진다. (2022. 6.10)

4부
산길을 걷는다

숲속의 시간

숲길로 들어선다. 정오를 지난 숲속에 하얀 햇살이 여유를 부린다. 시원하게 옷 벗은 겨울나무는 하늘을 찌를 듯 줄지어 당당하고, 그 아래 초록 잎 위로 붉은 동백꽃이 환하게 웃는다. 개나리는 굽은 관절 마디마다 생명을 잉태하기 위한 채비로 분주하다.

오랜만에 걷는 길이다. 이번 겨울은 그다지 춥지도 않았는데 가까이 있는 숲길을 찾지 못했다. 내 마음의 추위가 길었는가 보다. 복잡한 일로 생각을 정리할 때나 지친 심신을 충전할 때도 발길은 언제나 숲으로 향한다. 숲은 몸도 마음도 넉넉히 받아준다. 숲길 옆에는 부산역을 출발하여 구포역을 경유한 기차가 치이익 소리를 내며 달린다. 사람과 화물을 실어 나르는 기적소리에 나뭇가지들이 미세하게 떨린다. 우리도 살아있다는 작은 신호이리라. '기차소리 요란해도 아기아기 잘도 잔다.'라는 어릴 적에 부르던 동요처럼 기차소리를 들으면서 숲의 초목들도 쑥쑥 자라지 않았을까. 숲 중앙에는 갖가지 운동기구가 놓여 있다. 햇볕은 나무 사이를 비집고 곳곳에 내려앉았다. 어른도 아이도 햇살을 마시며 각각의 자세로 몸을 단련한다. 자연과 사람이 서로 생기를 주고받는 숲길이다.

숲길을 반쯤 걷다보니 저 멀리 갈색 지붕의 작은 집이 눈길을 끈다. 전에 보지 못한 집이다. 장난감 집 같기도 하고 '헨젤과그레텔'에 나오는 과자로 만든 집처럼 보인다. 신기하고 궁금해서 몸보다 마음이 바쁘다. 마음이 앞서니 삐죽 나온 돌부리는 안중에 없다. 서두르다 돌부리를 걷어차면서 급한 성미를 탓한다. 한숨 돌려 보니 '숲 도서관'이라는 작은 팻말이 문패처럼 걸려있다. 나무판에 색을 입힌 지붕과 흰색을 칠한 벽에 네모난 창을 만들어 놓았다. 집안에는 네 개의 층으로 만들어진 책꽂이에 100여 권의 책이 꽂혀있다. 작은 집 양쪽 옆에는 나무 탁자와 등받이 없는 긴 의자가 사람을 기다린다. 주변의 숲과 호수와 잘 어울리는 분위기다. 예쁘게 보면 앙증스럽고 밉게 보면 조잡스럽다. B구청 청정녹지과에서 마련한 도서관이라는 문구가 눈에 들어온다.

도서관이라 부르기에는 민망한 규모지만 마음이 따뜻해지는 집이다. 지식은 가져가고 책은 남겨두라는 글귀에도 고개가 끄덕여진다. 책꽂이 앞에 서서 책들의 겉표지와 제목을 살핀다. 손이 많이 가지 않은 깨끗한 책들이다. 미첼레스닉의 <평생유치원>이란 책을 집어 들고 차례와 서문을 훑어본다. 호기심이 가는 작은 제목들로 구성되었다. 평생, 유치원 아이들의 마음으로 세상을 보고 사람들과 어울리라는 메시지가 들어있다. 호기심과 질문 가득한 생을 살라는 것. 짧은 시간에 몇 장의 글을 읽고 마음을 정화시켰으니 소득이다. 산책하고 운동하며 자연 속에서 책을 즐겨 읽자는 아이디어에 박수를 보낸다.

유독 작은 것에 관심을 가졌다. 가족과도 큰일에는 서로 머리를 맞대면서, 작은 실수는 그냥 넘기질 않는다. 치약을 위에서부터 짤 때, 화장실을 사용하고 불을 끄지 않을 때, 벗은 양말이 방바닥에 굴러다닐 때는 녹음을 한 듯 똑같은 잔소리가 반복된다. 돌아서 생각하면 별것 아닌데 유치하다는 생각은 뒷전이고 작은 것에 전심을 걸고 투쟁을 한 셈이다.

 거창한 곳에서 먹는 음식은 배가 부르고, 작고 소박한 곳에서 먹는 콩나물국밥은 마음이 부르다. 작은 집, 작은 나무, 작은 선물 속에는 따뜻함이 있고 가능성이 숨어있다. 크고 거창한 일에는 무덤덤하다가도 마음을 읽어주는 작은 토닥임에 눈물이 고인다. 이 작은 '숲 도서관'이 마음에 큰 집을 짓는 이유이기도 하다.

 숲길을 돌아 나오면 구골나무 군락지다. 작은 나무 앞에 선다. 몇 년 전부터 '나의 나무'라고 정해 놓고 아끼던 작은 구골나무다. 무릎까지 오던 나무가 이젠 내 어깨만큼 자랐다. 산책할 때마다 가지에 붙은 검불을 걷어내고 잎도 닦아준다. 오늘은 나뭇잎에 흙먼지가 뿌옇다. 새가 똥을 흘린 자국도 있다. 작은 잎들이 숨쉬기 힘들어 하는 모양새다. 휴지에 물을 묻혀 한 잎 한 잎 닦는다. '좋아하면 욕심이 생기고, 사랑하면 욕심을 포기한다'는 말이 있다. 누가 나의 나무를 흔들어 꺾지는 않는지 집착을 하기도 했다. 나의 나무라 여기며 마음에 담고 욕심을 부렸는지 모른다. 숲속에서 자라는 모든 나무는 사랑의 대상일 텐데 말이다. 어린 가지를 매달고 만났던 작은 나무가 내 키만큼 쑥쑥 자란 모습에 나뭇잎 닮은 미소를 보낸다. 얼마 후면 어른 나무로 자라겠지. 그

때는 군락지 대열에서 푸르름으로 든든하게 숲을 지키지 않겠는가. 아이를 키워서 세상으로 보내듯 아끼고 사랑했던 나무를 무성한 숲으로 보내련다. 또 하나의 작은 나무를 마음에 들여놓고 사랑하리라.

"기도 하듯이 나무를 돌보는 모습이 이뿌구마" 할머니의 목소리가 들려온다. 오랫동안 내 행동거지를 지켜본 모양이다. "그렇게 정성들이면 소원을 들어줄 것이여, 바라는 게 많은 사람이구먼" 하고는 홀연히 운동기구에 몸을 싣는다. '바라는 것 없구요. 그냥 나무와 이야기 했어요'하며 혼잣말을 흘린다. 할머니를 태운 노란 운동기구에도, 새봄을 기다리는 숲에도 맑은 바람이 흐른다.

겨우내 침묵하던 숲이 봄의 꿈틀거림에 술렁인다. 햇살이 분가루처럼 흩어지는 작은 숲길에 좋은 일이 일어날 것만 같다. 휴지처럼 구겨진 겨울의 마음을 봄볕의 음영이 다림질로 펴 준다. 숲속의 시간이 빛으로 가득하다. (2020. 2)

산길을 걷는다

　산길로 들어선다. 곡선의 비탈길에 수분을 머금은 흙냄새가 상큼하다. 재빨리 돌아가던 회색 도로 위의 속도는 서서히 안단테로 머문다. 연두빛으로 물이 오른 봉긋한 앞산, 배경이 되어 받쳐주는 뒷산의 품속이다. 긴 호흡으로 산속의 향기를 마시며 마음길도 열어본다.

　깊이 숨을 들이쉬며 향기를 채우려는 마음은 소녀 적 추억 때문인지도 모른다. 등굣길은 꼬부랑 재를 넘어가는 산길이었다. 자연의 볼거리는 학교를 오가는 아이의 발길을 잡기에 충분했다.

봄에는 제비꽃과 할미꽃, 진달래꽃이 친구였고, 여름이 오면 뽕나무에 매달린 검붉은 오디를 따 먹으며 햇빛 아래 달아오른 초록의 산길을 누볐다. 가을에는 알밤과 도토리를 주워 나르는 다람쥐를 닮아갔다. 눈 쌓인 산길에 비닐포대 썰매는 스릴 넘치는 겨울 놀이였다. 바람의 방향에 따라 도미노처럼 쓰러졌다가 다시 일어나는 산등성이의 풀밭, 그 위를 비행하던 새들의 재잘거림은 지금도 내 안에 살아 꿈틀거린다.

조붓하고 그윽한 산길이다. 빨강과 초록으로 깜박이는 신호등 때문에 긴장하지 않아도 된다. 단단히 무장한 마음도 풀고 얼굴을 가렸던 마스크도 내린다. 키 작은 소나무와 덩치 큰 굴참나무가 오랜 벗처럼 친숙하다. 동여매었던 옷섶에 솔바람이 들어와 앉는다. 가다가 쉬다가 바위틈에 핀 풀꽃에게 말을 걸어보고 흔들리는 나뭇잎의 소리도 들어본다. 한쪽이 말할 때 한쪽은 가만히 귀를 기울인다. 바라보고 받아들이는 사이 연한 잎은 살이 오르고 작은 꽃은 열매를 맺을 터다. 살아있는 자연의 교과서에 밑줄을 긋고 고개 끄덕인다. 오래된 나무의 뿌리만큼 마음의 깊이에도 속살이 채워지는 느낌이다.

호젓한 오솔길에서는 한눈을 팔아도 재촉하는 이 없다. 머리의 여백은 넓어지고 좁은 길을 걸을수록 등짐이 가벼워진다. 우리의 원래 마음 길도 산 길처럼 소박하고 군더더기가 없었을 것이다. 작은 바람에 잎들이 서로를 토닥이는 것처럼, 스쳐 지나가는 새 소리 바람 소리가 소중한 보물로 다가온다. 그들은 내게 어떤 것도 요구하지 않는다. 길을 내어주고 탁한 마음을 받아 줄 뿐. 바람을 마시며 한발 한발 숲을 헤쳐 나간다. 몸을 구부리고 낮추면서 엎드리는 방법을 배운다. 엎드려야 세상의 틀에 부딪히지 않으리라.

산모퉁이 저만치 참꽃이라 불렀던 진달래가 분홍 잎을 펼치며 하늘거린다. 진달래 꽃빛은 유년의 빛깔 그대로를 간직한 채 위안이 된다. 아무도 돌보지 않아도 스스로 피어나 환하게 세상을 밝힌다. 고만고만하게 가난을 안고 살던 시절, 진달래는 우리 곁에서 피고 지며 삶을 노래한 친근한 봄꽃이었다. 잎보다 꽃이 먼저 피어 허기를 달래주던 꽃이라서 참꽃이라 불렀다. 먹는 꽃과 못 먹는 꽃을 가려 참꽃과 개꽃으로 구분했었다. 진달래와 닮았지만 철쭉은 독성 때문에 개꽃이라 하여 가려 먹어야 했다. 잎이 먼저 피고 꽃잎에 주근깨 같은 반점이 있으면 철쭉으로 먹지 못하는 꽃이다. 배고픈 시절 먹느냐 못 먹느냐는 중요한 정보 거리였다. 참꽃 한 잎 떼어서 입 안에 넣어본다. 분홍 꽃잎에 묻어나는 동심의 봄날이 싸하게 씹힌다.

높고 낮은 고개를 지나니 아늑한 평지다. 햇볕이 비스듬히 내리는 길섶, 낮은 봉분에 눈길이 멈춘다. 오래되어 아무도 돌보지 않은 듯 봉분은 깎여 낮아지고, 무덤 주위에는 파릇하게 돋아나는 햇쑥들이 온몸을 펼치고 있다. 누군가 와서 부르는 사람도 없고 불러도 대답 없는 무심한 무덤이다. 나무 사이로 날아드는 새 소리 바람 소리를 들으면서 봉분은 점점 낮아지며 자연으로 돌아갈 터인데. 문득 '메멘토모리(Memento mori)'라는 단어가 떠오른다. 죽음을 기억하라는 라틴어다. 죽음이란 한정된 시간이자 인간이 극복하지 못하는 한계다. 어떠한 삶을 살더라도 죽음 앞에서는 모두 평등하다. 삶 앞에 겸허해야 할 까닭이 아닌가. 우리의 삶이 영원하다면 지금의 순간이 소중하지 않을 터다. 끝없는 삶이 주어진다면 지금 여기의 시공간이 무슨 의미가 있을까. 그러기에 '카르페디엠(carpediem)' 지금 이 순간에 충실하라는 말이 가슴으로 스민다. 내 옆에서 들려오는 물소리 새 소리 바람 소리마저 눈으로 귀로 세미하게 담아야 할 이유다. 흙이 되어 낮아지는 봉분 위로 흩어졌다 다시 모이는 흰 구름이 다정스럽다. 찾아오는 사람 없어도 자연이 보듬어 주는 저 무덤이 편안해 보인다.

내려오는 굽은 길에 커다란 바위가 있다. 산길을 오르내리는 사람들을 맞이하고 배웅하는 자세다. 몸통은 땅에 깊이 박고 길

쭉한 세모 모양의 머리를 들고 있다. 비바람을 맞으며 세월을 견딘 바위가 마치 두꺼비처럼 생겼다. 오고 가는 사람들의 많은 사연을 품어서인지 근엄한 몸집이다. 동글납작한 작은 돌멩이로 두 눈을 만들어 올려 보았다. 표정 없던 바위가 작은 돌멩이 덕분에 살아있는 듯 웃는 표정으로 변한다. 긍정의 생각 하나 얹어 보태면 사람의 인상도 저렇게 바뀌지 않을까. 인생의 희로애락이 마음먹기에 달렸으니 말이다. 산길을 찾는 이들에게 씨익 미소 한 줌 얹어 주리라 여긴다. 가는 햇살이 빙빙 돌며 두꺼비 바위를 쓰다듬는다.

산길에는 아무도 모르는 의원이 있고 보약이 숨어있다. 지치면 쉴 수 있는 쉼터요, 매달리고 간구해야 할 때 엎드릴 수 있는 기도의 자리와 명상의 바위가 있지 않은가. 그 마법의 길을 걷고 나면 내 안의 음지가 하나씩 걷어지리라.

산길에서 스승을 만나고 친구를 만나고 고향을 만났다. 사람 사이에 거리두기를 요구하는 시대에도 자연은 그 자리에서 피고 지고 손을 내민다. 티끌 같은 가슴에 푸른 꿈과 희망을 키워내던 그 산길에 다시 초록이 피어오른다. (2021. 4. 10)

외출

예약한 날이다. 수험생이 되어 시험을 보러 가는 기분이랄까. 정기적으로 받는 건강검진인데 공부 안한 학생처럼 떨린다. 첨단 기술에 의지하여 내 몸 관리 성적을 수치로 받을 때까지는 나날이 초조하다. 큰 병 없이 세월을 잘 견뎠으니 애써 태연해지기로 한다.

검진 결과표가 도착했다. 난소에 혹이 자라고 있어 양쪽을 모두 떼어 내야 한다는 통보다. 낙제점 성적표에 가슴이 돌의 무게로 내려앉는다. 믿기지 않는 결과로 몇 날을 방황했지만 담담하게 받아들이기로 했다. 호미로 막을 것을 가래로 막는 일이 되기 전에 서둘러야 하리라. 마음을 정리하고 수술대에 올랐다. 똑똑 떨어지는 링거액 방울을 헤아리다 깊이를 알 수 없는 잠의 세계로 빠졌다. 넘실넘실 흐르는 강물에 손등을 적시는데 눈을 뜨라고 흔들어 깨운다. 회복실이다. 비몽사몽의 시간에 강은 나에게 말을 걸어왔다. 강을 가까이 두고 살아온 시 공간이, 혼미한 순간에도 나를 따라온 게다.

몸속에 안고 있던 덩어리가 떨어져 나갔으니 고통은 끝이라고 여겼다. 신체의 일부를 잃어서일까. 몸 상태가 예전 같지 않다. 길을 걸을 때면 공중에 뜬 것처럼 흔들거려서 가로수나 전봇대를 잡아야 한다. 누워 있을 때는 아래로 꺼지는 듯한 아찔함에 놀란다. 흔들의자에 등받이가 떨어져 나간 것처럼 중심이 제대로 잡히지 않는다. 몸의 아픔은 마음까지 갉아서 숭숭 구멍을 내는 게 아닌가. 앞만 보고 달려온 세월에 브레이크가 걸린 것이다. 평범한 일상이 멈추어버렸다. '넘어진 김에 쉬어 가라'는 말을 쉽게 부렸는데 정작 나는 수용이 안 되는지. 시간은 더디게 흐른다.

무거운 시간을 일으키며 발걸음을 옮겨본다. 오랜만의 외출이다. 열일곱 해를 이웃처럼 만나던 낙동강으로 향했다. 약속 없이 불쑥 찾았는데 강은 여느 때처럼 그 자리에서 반긴다. 강 언저리에 남아있는 갈대도 지난 겨울 몸살을 앓았나 보다. 비썩 마른 몸으로 바람에게 몸을 맡긴다. 강둑에는 봄까치꽃이 푸른빛으로 안부를 물어온다. 차가운 땅을 딛고 피어난 생명이 반갑다. 낮게 앉아 그들과 눈 맞춘다. 강을 따라 산책을 하는 사람, 자전거 길을 달리는 사람들로 강변 길이 가득하다. 모두 햇빛을 받은 물결처럼 씩씩하고 건강해 보인다. 그 대열에 서서 나도 강물의 기운을 받아 마신다.

쉬엄쉬엄 걸어서 구포 감동진 나루터에 이르렀다. 봄볕에 몸을 씻은 강물이 은빛으로 환하다. 바람에 기댄 수양버들은 물속으로 얼굴을 묻고, 강물은 물 버들을 감싸 안는다. 먼 길 달려온 강물이 숨을 고르며 평화롭다. 자맥질하는 물오리 떼를 강물은 너그럽게 품어준다. 태백 황지연못에서 발원하여 천 삼백 리 길을 굽이굽이 흘러온 물이 아닌가. 꺾이고 휘어지고 갈라졌다가 다시 만나, 서로를 품어주는 아름다운 몸짓이 장관이다. 골짜기를 돌면서 바위에 부딪치고 바람에 흔들렸을 것이다. 때로는 잃으면서 때로는 버리면서 아래로 흘렀을 터. 잃었다고 절망하지 않고 얻었다고 교만하지 않은 덤덤함을 품고 있다.

넘실대는 물결에 아픔을 실어 보내고 강물처럼 살라고 한다. 힘들다고 푸념하며 강물에 쏟아 낸 시간도 넓은 품으로 받아서 흐르겠단다. 덮어주고 품어주는 넉넉한 강물의 모습에 예순 세월을 돌아본다. 더 깊고 넓어져야 할 일이다. 아픔도 슬픔도 침묵으로 감당하며 목적지로 이르는 푸른 강 앞에서 숙연해진다.

강물의 숨소리를 들으며 고향의 내성천을 떠올린다. 마을 앞을 흐르는 내성천은 낙동강에 몸을 섞기 전에 만나는 아기 강인 셈이다. 백사장 위를 올망졸망하게 흐르는 물줄기는 유년의 놀이터였다. 날이 더우면 몸을 풀어 물속으로 뛰어들었고, 꽁꽁 얼어붙은 날에는 통나무 썰매로 강 위를 누볐다. 외나무다리를 조심조심 건너며 균형감각을 키우고, '엄마야 누나야 강변 살자' 시詩를 노래로 부르던 곳이다. 종이배를 띄우며 훗날의 세계를 꿈꾸던 아련한 기억이 저 물살 위에 일렁인다. 내 안에 그려진 어릴 적 풍경들이 나를 자주 낙동강으로 불러내었으리라.

아픔이 깊어서일까. 사람을 만나는 것보다 낙동강을 만나면 편하다. 강은 언제 보아도 그대로이면서 그대로가 아닌 힘이 있기 때문이다. 잔잔했던 강물이 파도를 불러들여 철석이며 말을 건넨다. 인생은 평지만 흘러가는 물이 아니라고. 계곡을 만나고 폭포를 지나면서 낮게 다시 흐르는 것이란다. 굽이굽이 흘러온 낙동강 앞에서 겸손의 마음을 배운다. 어깨동무하며 같이 흘러가리라. 산다는 것도 강물처럼 가야할 곳을 향해 흔적을 만들며 흐르는 일이 아니겠는가.

머무는 듯 깊어지는 낙동강 하류에 고요가 흐른다. 조용히 흐르는 물살에 서성이던 속울음을 실어 보낸다. 흐르면서 맑아지고 강해지는 강물을 닮아야 될 터이다. (2020. 5. 2)

일상을 기다리며

뉴스특보에 마음을 졸인다. 머리부터 발끝까지 방호복으로 무장한 의료진들이 바쁘게 움직인다. 대형마트 앞에는 마스크를 구매하려는 긴 줄이 꼬불꼬불 끝이 없다. 사회적 거리를 두며 일상생활을 하라는 정부의 외침이 무상한 장면이다. '코로나19'라는 신종 감염병이 평범한 일상을 송두리째 흔들어 버렸다.

한 번도 겪어보지 못한 나날을 경험한다. 중국 우한에서 시작된 신종 폐렴을 다른나라 병이라고 가볍게 생각했다. 우리나라에도 특정 지역에서부터 전국으로 급속도로 퍼지고 있다. 매일 발표되는 확진 환자의 수는 수십 명에서 수백 명을 넘나든다. 학생들의 개학이 연기되고 회사는 재택 근무를 권장한다. 공포와 불안감, 두려움으로 국민들의 마음이 내려앉았다.

주말이면 '같이 밥 먹자.' '둘레길 같이 걸을래.'하는 정다운 말이 사는 재미이며 소소한 일상의 행복이었다. 잠깐의 마을 나들이가, 지하철의 북적임이 그리움으로 다가온다. 맛집에 앉아서 점심 한 그릇 같이하며 마주보고 웃을 수 있다는 게 축복이었다.

며칠 전 지인에게 안부를 전하며 낙동강 생태 길을 같이 걷자고 제안했었다. 집에서 한 발 짝도 나가지 않을 거라고 단번에 자른다. 전염병이 창궐한 시국에 맞는 말이다. 갑갑한 마음을 낙동강에 풀어내자고 제의했는데 '팽'당했다. 보고픔도 그리움도 미루어야 한다. 오랫동안 소식이 끊긴 친구나 지인에게 전화로 안부 물으며 마음의 거리를 좁혀가는 기회로 삼아야겠다.

마스크를 쓰고 서로를 경계하며 거리를 두는 형상에서 소설 『페스트』를 떠 올린다. 카뮈의 『페스트』는 전염병으로 인해 폐쇄되는 도시 '오랑'의 이야기이다. 내가 혹은 우리 공동체가 타인에게 위협이 될 수 있기 때문에 소외될 수 있는 상황을 그리고 있다. 평범한 일상이 전염병으로 인해 어떻게 피폐해져 가는지, 갑작스러운 재난에 대한 사람들의 반응은 얼마나 제 각각인지를 생생하게 보여준다. 전혀 예상하지 못한, 언제 끝날지도, 언제 나에게 덮쳐 올지 모르는 페스트의 공포와 불안은 지속된다.

주인공인 의사 리외는 하루하루 환자를 돌보며 상황을 낙담도 낙관도 하지 않고 그저 주어진 일을 묵묵히 해나간다. 대구로 속속 모여들어 헌신하는 의료진들의 수고가 그려지는 장면이다. 소설 속의 서사를 따라가며 코로나 사태를 슬기롭게 보낼 지혜도 생각해 본다. 난데없는 위기 속에 함께 연대하여 살아남으려면 필요한 건 마스크만이 아니리라. 소설에는 연대하는 모든 이들을 통해 타인의 아픔에 공감하고 공동체의 위기에 대처하는 선함 역시 존재한다는 것을 알 수 있다. 선한 힘은 아이러니하게도 가장 극한의 상황에서 가장 분명하게 발휘된다. 사람과 세상에 희망을 품게 만드는 대목이다. 비극의 소용돌이에서 운명과 대결하는 인간의 모습은, 70여 년이 지난 책 속에서도, 21세기를 살아가는 우리의 현실에서도 존재한다.

지금 겪고 있는 재난의 시련은 고되고 힘겹지만, 재난 이후에 우리가 풀어야 할 과제 또한 거대하리라. 역사를 배우는 이유가 여러 가지가 있겠는데 과거의 실패에서 교훈을 얻는 것이 아닐까. 똑같은 실수를 반복하지 말라는 것이겠다. 몇 년 전에 우리는 '사스'와 '메르스'의 전염병을 겪었다. 코로나 사태는 이전과는 너무나 빠른 전염력 앞에서 새로운 국면을 맞게 되었다. 지금 우리에게 고통을 주고 있는 '코로나바이러스'를 통해 배우고 고쳐야 할 일들이 많은 것 같다. 비싼 수업료를 내고 고통에 동참하고 있지 않는가. 나와 타인을 위해서 마스크 쓰기는 기본이다. 유치원과 학교가 폐쇄되어 집에서 어린아이들을 종일 보살펴야 한다. 사람이 많이 모이는 밀폐된 곳은 방문하지 말아야 한다. 외출 자제, 손 씻기 철저히, 등으로 개인위생을 지켜서 국가적인 재난 극복에 함께하고 있다.

매일 바쁘다고 다음으로 미루었던 일들이 얼마나 많았던가. 스스로 얻은 휴가가 아닌 억지로 얻은 자유, 많은 시간을 마음대로 쓰려니 오히려 일이 손에 잡히질 않는다. 무엇을 먼저 해야 할지 두서없이 우왕좌왕 할 때가 많다. 텔레비전 앞에서 뉴스특보에 시간을 허비하고, 뒤숭숭해진 마음을 달랜다고 냉장고를 뒤진다. 애먼 군것질로 중부지방은 넓어지고 복잡한 냉장고의 뱃속이 가벼워진다. 잃는 것이 있으면 얻는 것이 있다고 했던가. 이 또한 지나가리라.

멍한 시간을 데리고 낙동강 둑을 홀로 걷는다. 봄까치꽃이 청보라색 얼굴로 환하게 번져있다. 봄까치꽃의 꽃말처럼 머지 않는 날에 기쁜 소식이 오리라. 바짝 긴장했던 나뭇가지들도 기지개를 펴며 술렁인다. 잠시 마스크를 벗어본다. (2020. 3. 5)

밤길

어제도 걸었고, 오늘도 걷는다. 밝을 때도 좋고 어두워지면 더욱 운치 있는 길이다. 매일 걷지만 언제나 다른 느낌이다. 달이 뜨는 날이면 나무와 풀숲은 그림자와 함께 온통 수묵화 세상이다. 그 길에 깔아 놓은 아름다운 침묵이 상념의 숲으로 자라는 중이다.

내 몸을 돌보기 위해 걷기 시작한 일이 습관이 되었다. 코로나 시대에 사람과의 거리두기가 필요한 때, 혼자 걷기는 안성맞춤이기도 하다. '걸어 다니는 시계'라는 별명이 붙은 독일의 철학자 칸트를 생각하며 걸을 때가 많다. 이웃 사람들이 그의 산책 시간을 보고 시계를 맞출 정도로 철저한 규칙 생활을 했다는 일화가 있지 않은가. 굳이 그를 닮으려고 노력하지 않아도 같은 시간 같은 길을 찾곤 한다.

가을밤의 산책길에는 찌르르 쓰르르 풀벌레의 향연이 펼쳐진다. 멀리서 가까이서 들려오는 풀벌레 연주회는 호젓한 밤길에 멋을 더한다. 한쪽으로 눈을 돌리면 불빛이 촘촘히 박혀있는 아파트가 보이고, 다른 쪽에는 강물이 흐르는 풀숲이다. 처음 이 길을 걷는 사람들은 외진 곳이라 불안하지 싶다. 나는 늘 걷던 익숙한 길이고 유년의 시골길이 생각나서 가로등이 없는 숲길을 택한다. 으슥한 도시의 밤길에서 낯선 사람을 만나면 멈칫하며 숨을 고르지만 이 길은 예외다. 강을 보고 걷는 사람들의 마음 깊이를 잴 수는 없어도 짙어진 풀냄새를 맡으며 고적하게 걷는 이들이 아닌가. 하얀 마스크로 얼굴 옷을 입은 사람들이 걸어오면 살짝 목례하며 스치면 된다. 달밤 산책로에서는 특별히 경계를 하지 않는다. 나이와 경륜이 무기가 되었는지 모를 일이다.

사람 사는 세상에서 사람을 경계해야 할 일도 있다. 도시에서는 밤길에 불쑥 나타나는 사람이 무서운 현실이다. 하지만 어릴 적 시골에서는 사람보다는 골목이나 굴뚝에 숨어 있다던 보이지 않는 귀신들이 무서웠다.

초등학생 때, 겨울방학이면 밤마실을 다녔다. 친구 집에는 방이 하나가 비어있어 저녁마다 몇몇이 모여서 숙제도 하고 여러 가지 놀이를 했다. 어른들의 '사랑방' 놀이문화를 흉내 낸 것이나 다름없다. 아버지도 겨울 농한기에는 이웃집 사랑방 애호가였다. 마을의 대소사를 의논하고 새끼도 꼬면서 담소의 시간을 보내는 곳이다. 이른 저녁 식사를 마치고 아버지가 자리를 뜨면 기다렸다는 듯 나도 친구 집으로 내 달렸다. 놀다가 보면 시간이 훌쩍 가버린다. 마을에서도 제일 꼭대기에 자리 잡은 우리 집은 아이 발걸음으로 한참을 달려야만 닿는 거리다. 친구를 언덕 중간쯤 세워놓고 집까지 헐떡거리며 밤 이웃을 다녔다. "됐나? 안됐다. 됐나? 아직 안됐다"를 몇 번을 묻고 대답을 하다 보면 서로의 집에 도착하게 된다. 그 시절에는 귀신이 얼마나 많았던지 집에 돌아갈 시간만 되면 온갖 귀신이 발목을 잡았다.

순이네 굴뚝 뒤에는 달걀귀신, 복순이네 골목에는 빗자루귀신, 명희네 담벼락에는 총각귀신 등 곳곳에 귀신이 붙어 있다는 것이다. 귀신 이야기는 언니 오빠들의 입에서 입으로 번지면서 우리들의 이야기가 되었다. 낮에는 재미나던 귀신 이야기가 밤에 집으로 갈라치면 머리카락이 쭈뼛 서고 가슴이 콩닥거린다. 불빛 없는 캄캄한 골목길을 헤쳐서 뛰어야 했다. 명희네 담벼락을 지나고 언덕을 넘어서면 숨은 가슴팍까지 차오른다. 마루턱에서 신발을 벗기도 무섭게 방문을 열면 신발이 먼저 방으로 뛰어든다. 귀신 때문에 신발도 놀랐다는 기세다.

가쁜 숨을 몰아쉬며 다시는 밤마실을 가지 않겠노라고 다짐하지만 날이 밝으면 꼴깍 잊는다. 다음 날 저녁 개밥바라기별이 얼굴을 내밀 때면 부리나케 친구 집으로 또 달려간다. 귀신을 물리치고 집까지 잘 갔다는 무용담으로 방안은 한동안 시끌벅적하다. 누군가 시킨 일이라면 어두운 밤길을 헤매며 친구를 찾아 나설 수 있었을까. 친구를 만나고 놀이에 빠져 그 속에서 피어나는 즐거움을 알아 갔으리라. 그러고 보면 귀신은 친구보다 한 수 아래였는지도 모른다. 이후에도 귀신이 누구를 잡아갔다는 소식은 듣지 못했다. 귀신은 사람의 정신을 홀리는 것이다. 결국 내가 친구라는 귀신에게 홀려서 밤마다 골목길을 뛰어다닌 게 아닌가 싶다.

자연이든 사람이든 만나고 싶고, 보고 싶으면 달려 나가는 일이 인지상정이리라. '마음 가는 곳에 몸이 간다'는 말처럼. 어릴 적에는 조무래기 친구들을 만나려고 밤길의 무서움을 감수했다. 나이가 들어서는 강과 산, 나무와 풀이 궁금하여 집을 나선다. 자연이 친구가 되어 나를 부르는 셈이다.

가쁜 숨을 몰아쉬지 않아도 되는 길, 귀신 걱정을 안 해도 되는 밤길은 자유롭고 풍성하다. 나무와 풀, 하늘의 별을 친구삼아 자박자박 걷다 보면 낮 동안 엉켜진 실타래가 하나씩 풀어진다. 풀어지는 실의 길이만큼 내 안의 풋내도 강을 따라 흐른다.

앞뒤 좌우 없이 시끄럽게 돌아가는 세상도 밤이면 저 강물에 가라앉는다. 조용히 찾아오는 검은 밤, 이곳과 저곳을 잇는 다리 위에 불빛은 강물 속에 물구나무서기로 깊게 흔들린다. 어두워서 더욱 빛나는 별이 밤길을 밝혀준다. (2021. 9. 10)

분갈이

볼록한 토기 화분에 관음죽이 자란다. 열일곱 해 동안 같은 화분에서 뿌리를 내리고 살아가는 중이다. 사철 푸르름을 전하는 거실 지킴이자 우리집의 대소사를 함께 겪은 가족이기도 하다. 쌀뜨물을 먹기도 하고 남은 우유도 받아 먹으며 키운 몸집은 어엿한 장년의 모습이다.

옆집에도 우리와 비슷한 관음죽이 베란다의 주인으로 자리 잡고 있다. 며칠 전 화분이 터지는 사고가 났다. 오랫동안 한 곳에 갇혀있던 식물의 뿌리가 몸부림을 친 탓일까. 뿌리와 흙이 엉겨 붙어서 단단하게 한 덩어리로 뭉쳐있고, 도자기 화분은 쩍 갈라져서 몹쓸 조각으로 널브러졌다. 애써 키우던 식물, 그렇게 아끼던 도자기 화분이 망가졌다고 안타까워하던 미영 엄마의 한숨이 내 어깨 위로 털썩 내려앉는다. 거실을 덤덤히 지키고 있는 우리 집 관음죽의 안위를 살펴야겠다.

내 키보다 웃자라 숲을 이룬 관음죽을 올려다본다. 윤기가 흐르는 잎은 빳빳하게 손가락을 펼친 듯 힘이 있다. 토기 화분에 그려진 사군자의 음영은 기우는 햇살에 반사되어 여유로운 자태다. 싱싱하고 고요한 한 폭의 동양화 풍경에 애착이 달라 붙는다. 옆집 관음죽을 품고 있던 화분이 깨어지는 일이 우리집에도 일어날 것 같은 불길한 예감이 마음을 헤집는다. 여러 해 동안 같은 흙을 안고 살았기에.

뿌리가 뻗어나갈 공간이 좁으면 서로 엉기다 끝내 화분이 터진다는 설명을 컴퓨터 검색에서 찾았다. 베란다와 거실 곳곳에서 꽃과 열매로 마음을 밝힌 화초를 쓰다듬듯 눈맞춤 해본다. 몸집은 비대해졌는데 그들을 품고 있는 집은 그대로다. 매일 보고 즐기고 감탄했을 뿐 편하게 뿌리를 내릴 수 있는 더 큰 보금자리 마련에는 소홀했었다. 십 년이 넘도록 좁은 흙 속이 답답하고 지루

했을 터다. 금전수, 산호수, 호야 화분에 들어앉은 흙이 오늘따라 푸석해 보인다. 분갈이를 해줘야 하지만 하루 이틀 미루다 긴 세월이 지났다. 태연했던 마음이 갑자기 바빠진다.

타산지석他山之石이라고 하지 않던가. 옆집의 사태를 겪으면서 화초를 둘러보니 미안한 마음이 인다. 집안에 들여놓은 크고 작은 화분을 분갈이하려면 온 집안에 먼지가 날릴 테고 베란다는 흙 범벅이 될 것이다. 느린 손놀림으로 꼼지락거리다가 몇 날을 누워야 하는 내 몸의 형편도 안다. 그래도 관음죽의 분갈이는 빠른 시일 내에 할 거라고 첫 번째 손가락을 꼽아둔다. 사군자를 품은 토기 화분의 생사를 가늠할 수 없기 때문이다.

궁하면 통한다고 했다. 며칠 후, 아파트 마당에 트럭 한 대가 멈추었다. 중년의 아저씨가 포장막을 걷자 그 안에는 화초와 화분들이 줄지어 섰다. 눈이 번쩍 뜨였다. 트럭을 주시하며 몸을 고정시켰다. 부르는 듯이 젊은 부부가 키가 큰 파키라와 벤자민 나무를 들고 나온다. 아마 분갈이 약속을 한 모양이다. 트럭 주위에 사람이 하나 둘 모여든다. 화초를 사러 온 사람, 분갈이를 하려는 사람들이 트럭을 둘러싸고 있다. 얼른 주차장 마당으로 합류했다. 여러 화초와 거름이 마당에 즐비하다. 화초를 손질하는 중년

아저씨의 입담과 손놀림이 예사롭지 않다. 전문가에게 베란다의 화분과 거실의 꽃들을 맡겨야겠다는 믿음이 생긴다. '떡 본 김에 제사 지낸다'는 마음이 일었던 것이다.

　사람들이 빠져나가고 우리집 사정을 전하자 아저씨는 바퀴 달린 화분 운반대를 굴리며 앞장서라는 눈짓을 한다. 먼저 거실을 지키는 관음죽 앞에서 걸음을 멈추고는 기십만 원 대의 화초라고 운을 띄운다. 베란다에 자리 잡은 화초 하나하나가 귀한 식물이고 잘 키웠다고 칭찬을 하는 게 아닌가. 더구나 '향이 좋은 난, 최고의 볼거리 분재, 베란다를 화려하게 꾸며주는 꽃' 모두 아끼며 키워야 할 값진 식물이라고 한다. 눈길이 제대로 못 미친 화분은 처분하고 이참에 베란다 정리도 할 생각이었다. 고래도 칭찬을 하면 춤을 춘다는데 아저씨의 칭찬에 버릴 화분을 모두 살리기로 마음을 돌린다. 입담 좋은 상술에 홀딱 넘어간 셈이다. 꽃 화분을 안고 운반대로 옮긴다. 드러나지 않는 행간마다 화초와 주고받은 숨결이 가슴으로 들어앉는다.

　마당으로 나온 화초들이 사방의 햇살에 기운을 받는다. 관음죽은 마당에 나와도 맏형처럼 듬직하고 우람하다. 덩치가 큰 관음죽부터 흙갈이가 시작된다. 예리한 눈으로 관찰을 끝낸 아저씨는 커다란 망치로 사정없이 관음죽 화분을 내리치는 게 아닌가. 멀쩡한 화분을, 값비싼 사군자 토기 화분을 깨트리다니. 소리 질렀다. 화분을 살리려고 분갈이를 하는데 아끼던 화분이 깨지니 정신이 산산조각 갈라진다. 아저씨는 놀란 표정으로 화분 속의 흙을 가리켰다. 잔뿌리가 실처럼 엉긴 흙이 동그랗게 웅크리고 나를 쳐다본다. 흡사 옆집의 깨진 화분 속 모양새다. 식물을 많이 기르는 사람이라 기본을 알고 있으리라 믿고 설명 없이 화분을 깨트렸다고 한다. 입이 좁은 단지형 화분에 오랫동안 자란 관음죽을 도저히 뽑을 수 없었다는 말이다. 주인의 무지로 정들었던 토기 화분은 그렇게 생명을 다했다. 화분의 운명은 의지대로 살아지는 것이 아닌가 보다. 누군가에 의해서 깨어지고 흩어지는 조각 같은 것.

겉은 번듯한 나의 껍데기도 속을 열어 보면 오래된 화분의 흙덩이처럼 얽혀 있지 않을까. 설익은 아집, 욕심, 잿더미로 쌓인 걱정들이 단단하게 웅크리고 있을 것 같다. 화분을 지체 없이 부수듯 나를 둘러싼 껍질도 깨트려야지. 켜켜이 쌓여 돌덩이처럼 쌓인 단단한 것들을 부드러운 흙으로 분갈이 하련다. 오래도록 방치하지 말고 자주 흙을 갈아야 할터다. 포슬해진 흙은 물도 잘 스미고 햇볕과 영양도 고르게 받을 수 있으리라.

숨을 쉬는 큼직한 옹기화분으로 이사를 한 관음죽, 단단한 흙으로 덮혀 있던 화초들도 마사토와 거름 옷으로 갈아입었다. 헌 옷을 벗고 새 옷으로 갈아입은 화초들은 새로운 환경에 적응할 때까지 몸살을 앓을 수도 있겠다. 이전보다 더 보듬고 사랑하리라고, 무지의 값을 비싸게 치루지 않겠노라고, 마음 놓고 발 뻗고 뿌리내려 보라고, 화분마다 다독다독 진심을 심는다. (2020. 10. 17)

어린왕자를 만나다

– 어린왕자 선禪문학관을 다녀와서 –

 어린왕자를 만났다. 책에서 보았던 그가 사찰의 연못에 작은 섬으로 떠있다. 세월이 흐르고 시대가 변했는데 아직도 어린왕자다. 그래서 더 반갑다. 산 높고 골 깊은 초록산사에서 어린왕자 선문학관을 안내하고 있다.

 문학관 입구로 들어서면 만다라 등불이 방문객을 맞이한다. 먼저 넓은 강당 왼쪽에 담소를 나눌 수 있는 북 카페가 발길을 잡는다. '어린왕자 작가의방'과 '어린왕자 삽화의 방' 그리고 '어린왕자 오픈 수장고'에서 저자 생떽쥐베리를 만날 수 있다. 1943년에 발간된 『어린왕자』는 300여 개의 언어로 번역되었고 160개국에서 출판되었다. 전 세계인이 읽은 고전을 동양적인 영성으로 해석하여 개관한 어린왕자 선문학관이다. 새롭고 낯설다.

세 개의 방을 나오면 벽 아래쪽에 법정스님과 이해인 수녀님의 글이 눈에 띈다. 법정스님은 어린왕자를 남이 아니고 한 지붕 아래 사는 낯익은 식구라고 한다. 『어린왕자』를 스무 번도 더 읽은 스님은 책장을 넘기기만 해도 어린왕자의 세계를 볼 수 있다고. 행간에 쓰인 사연까지도 여백에 묻어나는 목소리까지도 읽고 들을 수 있단다. 어린왕자를 통해서 인간관계의 바탕을 인식할 수 있었고, 보이지 않던 사물이 보이고, 들리지 않던 소리가 들렸으니, 어린왕자를 통해 자신과 마주친 것이라고 했다. 스님은 어린왕자를 단순한 책이 아니라 화엄경과 같이 하나의 경전으로 삼았다는 것이다. 어릴 적에 읽은 책이지만 어른이 읽어야 할 깊이 있는 내용이다.

생떽쥐베리 – 별아저씨에게 보내는 이해인 수녀님의 엽서는 가슴 뭉클하다. 날마다 해질녘이면 '나는 외롭다'고 칭얼대는 어린왕자의 쓸쓸한 목소리가 들린다고 한다. 마흔네 살의 나이에 별아저씨는 하늘나라로 사라졌지만 마음으로 보는 법, 길들이는 법을 깨우치며 설렘을 안고 산단다. 그렇다. 무엇이든 잘 보려면 마음으로 보아야 한다는 글을 내 마음에 들여놓는다.

세상에서 가장 어려운 일은 '사람이 사람의 마음을 얻는 일'이라고 어린왕자는 말한다. 열 길 물속은 알아도 한 길 사람 속은 모른다는 속담도 있듯이. 눈에 보이지도 않고 손에 잡히지도 않는 마음을 믿는 데는 용기가 필요하다. 살면서 마음이 변하는 것을 여러 번 보아왔고 사람마다 마음도 다르니 말이다. 사람들은 마음이 아닌 눈으로 보이는 모습과 손에 잡히는 느낌으로, 또 말을 통해 진실을 알려고 한다. 마음으로 읽어야 할 일을 머리로, 말로, 행동으로 판단하여 마음을 괴롭힐 때도 있다.

"지금 내 눈앞에 보이는 건 껍질일 뿐이야. 가장 중요한 것은 눈에 보이지 않아. 오직 마음으로 보아야 해" 어린왕자와 여우의 대화가 겉으로만 어른 된 사람의 마음을 건드린다. 눈으로 잘 보이는 이 문구는 마음으로 닦고 키워야 하는 수행이리라.

강당 뒤에는 또 다른 방이다. 어린왕자의 옷과 각종 소품들로 가득하다. 금발머리에 초록망토, 반짝이는 모자와 빨간마후라 지팡이들이 어린왕자로 서서 변신해보라고 부축인다. 여기에 들어

오는 사람은 동심으로 돌아가서 모두 어린왕자가 되어 보는 것이다. 너도 나도 어린왕자 분장으로 추억 한 장면을 남긴다. 동화속의 어린왕자가 되어 또 하나의 문을 통과하면 더 깊숙하고 어두운 방이다. 어린왕자에 나오는 별들이 모여 있는 소행성의 별나라다. 어린이 마음으로 상상의 꿈을 펼쳐보는 곳이지 싶다. 겉모습은 어른인데 동화 속 주인공인 된 이들이 모두 반짝이는 별이다. 공간의 분위기와 어린왕자의 의상이 어른을 수십 년 전 어린이로 데려다 주는 신비한 체험이다. 어린왕자가 되고 싶거든 이리로 오시라.

다시 어린이로 돌아왔으니 모두 무대 위로 오른다. 어린왕자도 장미공주도 함께 어울려 별나라 여행에 동참한다. 춤과 노래로 흥을 돋우며 점점 동화의 세계로 빠져든다. 어른의 꿈이 동심으로 피어나는 선문학관 무대는 익어간다. 노래와 춤은 다시 시 낭송으로 물든다. 시의 물결은 깊은 산속을 울리고 초록 잎은 숨을 죽인다. 고요한 중에 나무는 바람을 만나고 잎은 바람 맛에 흔들린다. 나뭇잎, 바람의 화음에 더해 시 낭송은 한 편의 오케스트라다.

'차 한 잔 하시겠어요?' 하며 어린왕자가 차를 권한다. '남자는 공짜, 여자는 무료'란다. 이런 글귀를 만나면 누구라도 그냥 지나치지 않으리라. 미소 한 자락 내려놓고 무료차를 나눠 마시니 풀 향기가 살갗에 스민다.

보이는 곳 들리는 곳에서 아름다운 이야기를 만났다. 그 속에는 우리의 인생이 들어있다. 어린이의 마음으로 세상을 보고 만나고 느끼라는 어린왕자, 여전히 살아서 어른의 마음을 흔든다.

(2022년 5. 20)

노도櫓島 '문학의 섬'으로

　남해의 섬, 노도櫓島로 떠났다. 노도는 남해군 상주면 벽련마을 앞 벽련항에서 5분 정도 배를 타면 도착하는 곳이다. 섬의 형상이 바다에 삿갓처럼 떠있어서, 또 배를 만드는 노를 많이 생산해서 노도라는 이름이 유래되었다고 한다. 잔잔한 물결을 헤치고 배는 선착장에 도착했다. 노도 문학의 섬 '서포의 책' 조형물이 팔을 벌려 환영하듯 서 있다.

　책 왼쪽 면에는 소설 『구운몽』 본문을 발췌한 한글이 움직이듯 입체적으로 쓰여 있고, 오른쪽 면에는 서포 김만중과 앵무새 조

각이 인상적이다. 그 아래에 "우리말을 버리고 다른 나라 말을 통해 시문을 짓는다면 이는 앵무새가 사람의 말을 하는 것과 같다."라는『서포만필』의 글귀를 새겨놓았다. 한글을 사랑했던 서포의 마음이 그대로 표현된 문장 앞에서 오늘의 한글문화를 생각해 보았다. 한문, 영문, 이상한 신조어를 사용하는 현대인들이 눈을 크게 떠야 할 부분이라 여긴다.

이곳 노도는 서포 김만중이 유배를 온 섬이다. 그는 한글 소설로 유명한『구운몽』,『사씨남정기』, 그리고『서포만필』을 남긴

문인이다. 조선 후기 정치가로, 효자로, 소설가로, 한글 애호가로, 시인으로, 한 시대를 풍미한 대문호, 서포의 발자취가 고뇌스런 일생과 함께 서려 있는 노도는 유배문학의 산실이다. 노도는 육지에서 손끝에 닿을 듯 폴짝 뛰어오르면 순간이동 할 것 같은 거리이다. 그래서 더욱 처절한 외로움을 겪었으리라. 손 내밀면 닿을 것 같은 뭍을 두고 벗어날 수 없는 유배객의 생이었기에.

'문학의 섬'이라는 이름에 마음이 끌리니 몸이 가벼워진다. 파란 하늘은 더 맑고 바람에 흔들리는 동백 잎의 미소는 특별하다. 담벼락에 걸어놓은 남해 문인들의 시화는 걷는 이의 눈길을 잡는다. '비린내 싫어/ 제아무리 도시에 닻을 내려도/ 손가락 사이로 달아나는 미조항 보리멸치/ 말꼬리 올려 서울말이라 우쭐대지만/ "어서 오시다!"아무래도/입 안 흥건히 괸 인사가 오달지다.' 라는 남해문인 시 한 편 읽었다. 나도 남해에 왔으니 '어서오시다'를 따라 해본다. 참 구수하고 정겨운 말이다.

작은 섬에 잘 다듬어진 길을 따라 잠시 걸으면 김만중 문학관이다. 이곳은 서포 김만중의 일대기와 그의 작품세계를 알 수 있는 전시실과 영상관을 갖추고 있다. 남해군청에서 나온 해설사가 친절하고 자세하게 안내와 설명을 해 준다. 마련된 공간에

서 서포 김만중의 성장배경을 애니메이션 영상으로 관람할 수 있었다.

 김만중의 아버지 김익겸金益兼(1614~1636)은 병자호란 때 강화로 가서 성을 지키다 함락되자 22세의 나이로 성 문루의 화약더미에 올라 불을 질러 순절하였다. 그가 몸에 불을 붙여 척화를 부르짖을 때 김익겸의 노모도 아들과 뜻을 같이해 자결하였다. 이때 스물 한 살의 어머니가 타고 있던 피난선에서 김만중은 유복자로 태어났다. 형 김만기는 다섯 살이었다. 어머니는 베를 짜서 책을 사거나 빌려 밤새 필사하여 자식들을 가르쳤다. 두 아들 모두 글의 기준을 세우고 평가하는 최고의 수장인 예문관 홍문관 대제학이 되었다. 홀로된 어머니의 남다른 가정교육으로 성장한 김만중은 효성이 지극하였다.

김만중은 숙종 때 장희빈이 낳은 아들의 세자 책봉을 반대하는 상소를 올렸다가 이곳 노도로 유배를 왔다. 생을 마감할 때까지 3년 2개월 동안 노도에 살며 섬사람들에게 '놀고먹고 할배'라는 이름을 얻었다고 한다. 허구한 날 아무것도 하지 않고 바다만 바라보고 글만 썼으니 놀고먹는 할배로 보였을 터다. 그의 어머니가 책 읽기를 좋아하여 생일날 선물로 소설 『구운몽』을 지었다는 일화는 오늘을 사는 우리들에게 효를 일깨우기에 충분하다. 어릴 적 어머니가 호롱불 아래에서 읽었던 『구운몽』의 구九는 소설 속의 주인공인 성진과 여덟 선녀를, 운雲은 인간의 삶을 한낱 구름에 비유했고, 몽夢은 꿈이라는 것이다. '세상의 모든 일은 꿈과 같고, 물거품과 그림자 같으며, 이슬과 같고 번개와도 같으니......' 액자에 쓰인 문구를 읊어본다. 인생은 꿈처럼 허무하지만 그 허무함에 주저앉지 않으려면 나를 부정하지 말고 받아들이려는 마음이 중요하리라. 노도에서 피어난 김만중의 꿈이 문학관을 찾는 이들에게 전해진다.

서포 문학관을 나오면 언덕 위에 그가 살았던 터에 초막이 자리하고 있다. 툇마루와 방 두 칸에 부엌이 있는 작은 초가집이다. 옛집으로 보수한 덩그런 초옥 툇마루에 앉으니 나뭇잎 사이로 일렁이는 바다와 두모마을이 보인다. 김만중이 어머니의 부음을 늦게 들었을 때 함께 절규하던 해안 바위도 솔잎도 오늘은 한가하게 푸르다. 해초로 연명하며 보낸 인고의 세월도 햇살과 그늘로 내려앉는다. 오래전 그는 초옥의 적막 속에서 흐릿한 등불에 의지해 붓을 적셨으리라.

언덕 위에는 '구운몽원'과 '사씨남정기원'이 스토리와 함께 전

시되어 있다는데 승선 시간이 촉박해 아쉬운 발길을 돌린다. '문학의 섬' 노도에서 서포 김만중의 삶과 사상, 유배문학의 가치를 담아온다. (2022. 10. 27)

경자년이다

2020년 경자년 쥐띠 해다. 풍요, 기회, 희망을 상징하는 '흰 쥐의 해'가 돌아왔다고 서로에게 덕담을 나눈다. 눈에 보이지 않는 복이 오고 가는 좋은 아침이다. 어제와 같은 시간을 사는데 오늘은 새롭고 특별하다. 새 달력을 보며 소중한 한해를 가늠해 본다.

천간과 지간의 만남이다. 천간의 경庚은 나이가 차서 도道를 아는 숙련함을 뜻하고, 방위로는 경방庚方이라 하여 서남쪽의 흰색을 뜻한다고 한다. 자년子年은 쥐띠를 일컫는다. 때문에 '흰 쥐'라는 것이다. 도가 튼 흰 쥐는 그야말로 상서로운 쥐가 아닐까. 쥐띠 해에 이로운 말을 나누면서 한 해를 시작하면 좋은 일이 일어 나리라.

동양에서는 흰색 동물을 좋은 의미로 해석한다. 꿈에서 흰 쥐를 보면 길몽으로 여기며 조상의 도움을 받는다고 해몽한다. 쥐는 부와 다산을 상징한다. 쥐띠 해에 태어난 사람은 부지런해서 부자가 될 것이라는 희망을 심어준다. 예부터 곡식을 갉아먹고 피해를 주는 쥐를 사람들은 싫어하지만, 동양 역술에서 쥐는 풍요와 부지런함, 영리함으로 여기지 않는가.

연암 박지원은 '낡은 것 속에 새것이 숨어있고 새것처럼 보이는 것들이 어느새 낡아있다'고 했다. '법고창신法古創新'이란 말이다. 1780년 경자년 북경에서 연암이 목도했던 진실이었다. 문명의 내일을 열어줄 새로운 경자년을 경건한 마음으로 맞아야 하겠다.

경자년의 덕담 시리즈가 앞다투어 날아든다. 집 나갔던 경자년이 들어온다느니, 착한 경자년이 온다느니 하며 전화기가 바쁘게 떨린다. 좋은 뜻인 것 같은데 듣는 경자는 몹시 언짢다. 덕담을 날리면서도 단어 뒤에 숨어 묘한 쾌감을 즐기는 것 같다. 우리 주위에는 자子 돌림의 이름이 흔하다. 경자, 영자, 숙자, 순자, 미자, 현자, 승자, 필자 등 일제강점기 시대, 창씨 개명으로 한국 이름을 일본식으로 고쳐 부른 것이 원인이 된 것 같다. 아픈 역사의 상흔이지만 이름들이 정이 가는 것은 왜일까.

어떤 분이 '이름이 경자네요'라며 여운을 남겼다. 또 얼굴과 이름이 어울리지 않는다는 말을 건넨다. 이름에 대해서 그다지 신경을 쓰지 않았는데 참 난감했다. 조금 촌스럽고 세련되지 못한 이름이라는 표정이 얼굴에 깔려 있었다. 한 수 더 올려 어릴 때 집에서 부르던 이름은 '경순인데 어때요'라고 했더니 쿡 웃음으로 대답을 대신한다. 씁쓰름했다. 이름으로 평가받았다는 생각 때문이다. 돌아서서 좋은 이름 지어 달라니 얼굴을 붉히는 모습에 얼마나 통쾌했는지.

하늘에서 불편하시겠지만 작명하신 아버지를 들먹인다. 아들을 기다렸는데 딸이 연이어 태어나니 이름을 대충 지었으리라. 경자가 아니라도 좋은 이름도 많을 텐데 말이다. 경미, 경민, 경아, 경은, 경희, 경주 등 몇 가지를 들먹이며 내 이름을 바꾸어 달라고 아버지께 말씀드렸다.

공경할敬에 아들子는 함부로 바꾸는 게 아니란다. 내 이름 덕에 막내 남동생도 태어났으니 복을 지으면서 사는 이름이라고 하셨다. 흔한 이름이긴 하지만 반감은 삭히기로 했다. 남동생은 무럭무럭 잘 자라주었고 아버지 마음은 편했지 싶다. 복을 짓는 것은 복을 받는 행위이니라. 촌스러워 보이면 어때 경자敬子, 아버지 보기에는 얼마나 귀한 이름인가. 내가 만들고 불러본 이름들이 스멀거리며 사라졌다. 나를 사랑하며 경자로 당당하게 살아가리라.

어느 단체에도 경자는 꼭 있다. 그만큼 경자는 지난 시대에 많이 쓰인 이름이다. 경자의 이름을 가진 이들은 흔한 이름에도 불구하고 개명하는 이는 흔하지 않다. 문단에서도 본인의 이름을 고수하는 이들이 꽤 있다. 부르기 좋고 기억하기 좋으면 이름은 제값을 하는 게 아닌가. 어떤 이름을 들으면 그 사람의 인상이 연상 되듯이 이름에도 얼굴이 있는 것 같다. 이름이 그 사람의 정체성을 심어주는 것처럼. 이름대로 살아간다는 말은 괜히 나온 말이 아닌 듯하다.

경자년에 경자 이름을 가진 고객을 위해 이벤트가 한창이다. 영화관에서, 제과점에서, 의류회사에서 이름을 불러 주며 어서 오라고 손짓한다. 전국에 경자가 모두 모여 같은 이름으로 소통하는 재미있는 일이 벌어질 성싶다. 이름을 걸고 행사까지 해 준다니 전국에 경자들 경사가 났다.

 흰 쥐의 해, 내공을 부지런히 쌓아 주변을 밝게, 마음 자세도 환하게 펴야겠다. 이름은 같아도 같은 얼굴, 같은 마음을 가진 사람은 없다. 오직 세상에 하나뿐인 나 자신에 대한 존경과 존중이 선행되면 세상도 아름답게 보일 터이다. 나도 너도 지역도 나라도 일이 척척 풀리는 만사형통의 경자년이 되길 기원한다.

(2020. 1. 1)

한 해(2020년)를 보내면서

경자년의 마지막 날이다. 누구라도 그렇듯이 새해가 되면 설레는 마음으로 한해를 맞이한다. 나 또한 내 이름이 들어간 해라서 더욱 의미를 두었다. 하지만 2020년 세계를 강타한 코로나의 심술은 날이 갈수록 심하다. 전쟁만 안 터져도 최악의 해는 아니라고 하는데, 코로나 팬데믹은 전쟁 못지않은 위력으로 우리의 일상을 흔든다.

코로나는 선진국, 후진국을 가리지 않는다. 인구의 많고 적음도 관계하지 않는다. 미국의 코로나19 희생자는 2차 세계대전 미군 전사자 29만 1500명을 넘어섰다고 한다. 크리스마스 시즌에 들어서면서 매일 삼천 명 이상이 목숨을 잃자 "하루하루가 9.11 같다"는 말들이 떠돌고 있다는 것이다. 한국도 연말 가까이 하루에 확진자가 1000명을 오르내린다.

일기예보처럼 매일 확진자 수가 발표된다. 'ㅇㅇ에서 몇 명이 확진되었으니 방역수칙 잘 지키기 바랍니다.' 이렇게 날아드는 안전문자에 오히려 불안을 느낀다. 1차 유행을 지나 2차 유행, 이제는 3차 대유행을 겪으며 지치고 피로한 날들이다. 줄을 서서 마스크를 구입해 보았고 처음 들어본 '사회적 거리두기'라는 문구가 낯설지 않다. 관공서나 은행, 식당에는 비말 차단막이 가려져 있어 마음의 거리까지 멀어진 듯하다. 연말연시 특별방역 대책으로 다섯 명 이상은 '집합금지'라는 행정명령이 내려진 상황이다. 전국의 해맞이 명소도 패쇄 되었다. 명령을 어기면 과태료를 물게 한단다. 와중에 사진을 찍어 고발하는 '코파라치'까지 등장했다는 현실이 안타깝다.

일 년 동안 극장에서 영화를 한 번도 보지 못한 사람도 수두룩하다. 그뿐인가 결혼 적령기에 접어든 청춘 남녀들은 짝을 만나는 기회도 없어져 버렸다. 마스크로 얼굴을 가리고 어떻게 만남이 이루어 질 것인가. 만남이 이어져 결혼식을 잡아도 날짜를 미루고 연기되어 축복의 결혼식은 마음을 졸이는 행사가 되었다. 일가친척 방문은 옛날 말이 되었고, 시어머니 생신도 손자가 태어나도 비대면 영상으로 만나는 시대가 되었다. 개인 생활의 불편은 기다리면 된다지만 자영업으로 생계를 유지하는 분들은 한숨으로 하루하루를 버티고 있는 실정이다. 한 번도 경험하지 못한 일들이 그들의 숨통을 조인다고 한다. 평범했던 일상이 최고의 행복임을 깨닫는 날의 연속이다.

코로나는 사스나 메르스처럼 경종만 울리다가 사라질 줄 알았는데 2020년을 통째로 삼켜버렸다. 아이들은 온라인과 등교수업을 번갈아 하면서도 잘 적응하는 모습이다. 학교 가기 싫다고 말하는 아이들이 줄어들었다는 이야기가 매스컴에서 들린다. 마스크로 얼굴을 가려도 친구와 만나서 함께 한다는 것이 좋다는 말일 게다. 교실에서, 운동장에서 친구와 부대끼며 함께 하던 학교생활의 즐거움을 아는 것이다. 교실에도 거리를 두고 띄어 앉지만 아이들의 순수한 마음은 막을 수 없는가 보다.

마스크 쓰기 생활화는 나쁜 점만 있는 것은 아니다. 미세먼지와 호흡기 질환을 예방하는 효과가 있어 올 한 해 감기 환자가 반으로 줄었다는 통계도 있다. 필자 또한 알레르기 비염으로 환절기마다 병원을 드나들었으나 올해는 마스크 덕분으로 병원 출입은 없었다. 반대로 코로나19와 무기력증 우울감이 합쳐서 '코로나 블루'(coronablue)라는 신조어까지 등장하여 정신과를 찾는 이들이 부쩍 많아졌다고 한다. 이로 인해 동네 의원들의 희비도 엇갈리는 현상이다. 동화 '짚신 장사와 우산 장사'의 마음을 되짚어보기도 했다.

코로나19 이후 국민의 일상은 집을 중심으로 큰 변화가 나타났다. 집 밖의 활동은 위축되고 집안에서 문화생활은 비대면 서비스와 함께 확대되었다. 전 국민이 위로받았다는 미스터트롯은 갑자기 '집콕' 생활로 접어든 국민들에게 큰 인기였다. 후 순위로 밀려있던 전통가요, 트롯트가 안방극장의 주연으로 자리잡는 계기가 되었다. 오디션 과정을 통한 꽃같은 미남 가수들은 볼거리와 들을 거리로 국민의 마음을 붙잡았다. 가슴을 떨리게 하는 감미로운 목소리와 스토리가 있는 사연을 들으며 울고 웃고 호흡을 같이한 사람들이 많았다. 코로나로 힘든 사람들의 마음을 만져주고 힐링시켰다는 훈훈한 이야기는 코로나 속의 좋은 소식이었다.

단체의 장을 맡았던 올해 조마조마한 사연들로 마음 졸였다. 코로나가 주춤했던 여름 즈음에 행사를 하려고 장소를 빌렸었다. 하루 전에 인원 제한을 둔다는 연락을 받고 난감했다. '누구는 참석하시오, 누구는 마시오'를 어떻게 정리하는가를 고심 끝에, 정부 방침을 전달하고 모이는 걸 자제해달라는 문자로 순조롭게 일이 해결되었다. 가까운 곳으로 문학기행을 예약하고 몇 시간 전에 취소되는 일, 정기총회 공문을 보내고 몇 번 번복할 때에는 양치기 소년이 된 것처럼 죄스러워 마음이 무거웠다. 크고 작은 행사들은 최소의 인원으로 무사히 진행되었다. 돌아보니 다행스럽고 혼자 가슴 쓸어내리는 일도 그림처럼 떠오른다. 코로나가 터져서 단체장이 할 일이 없으니 '전생에 나라를 구했다'는 말을 하는 이도 있다. 말은 그럴듯하다. 하지만 계획한 일이 코로나로 갑자기 변경될 때 빠른 판단과 대책을 세워야 하는 가슴 졸이는 일은 겉으로 드러나지 않을 뿐이다.

코로나 이전과 이후의 삶은 달라질 것이다. 전 세계가 보이지 않는 감염병, 코로나 사태를 겪으면서 업무 방식이나 삶의 방향을 근본적으로 바꾸는 계기가 될 것같다. 지금까지 BC와 AC는 예수님 탄생 전과 후를 의미했다면 앞으로는 BC와 AC의 의미가 before Corona와 After Corona로 바뀌지 않을까.

2020년 경자년은 이렇게 저물어간다. 새해 신축년 소의 해는 마스크를 벗고 활짝 웃는 모습을 볼 수 있는 기쁨의 해가 되길 기원한다. (2020. 12. 31)